영적 보살핌을 책임지는 제자훈련

교회의 신앙서약 제자훈련 그룹을 위한 핸드북

영적 보살핌을 책임지는

제자훈련

초기 감리회 속회에 대한 이해와

신앙서약 소그룹 제자훈련

● 데이비드 로우즈 왓슨 · 이후천 옮김

한국교회선교연구소

영적 보살핌을 책임지는 제자훈련

펴낸날 ‖ 2021년 10월 15일 초판 1쇄

지은이 ‖ 데이비드 로우즈 왓슨
옮긴이 ‖ 이후천
기획출판 ‖ **한국교회선교연구소(KOMIS)**

펴낸이 ‖ 유영일
펴낸곳 ‖ 올리브나무 제2002-000042호
경기도 고양시 일산동구 정발산로 82번길 10, 705-101
Tel. 070 8274-1226, 010-7755-2261
Fax 031 629-6983

ISBN 979-11-91860-01-6　93230

값 15,000원

한국교회선교연구소(KOMIS)

'선교적 교회' 시리즈 12번째 책을 펴내면서

한국교회선교연구소(KOMIS)는 한국교회가 선교적 본질을 회복하고 하나님의 선교에 보다 효과적으로 참여할 수 있도록 선교 신학자들과 목회자들이 함께 뜻을 모아 세운 연구소입니다. 올해로 벌써 우리 연구소가 세워진 지 12년째를 맞이하게 되었습니다.

지난 12년 동안 한국교회선교연구소는 매년 정기세미나를 통해 선교적 교회와 관련된 최근의 연구 동향들을 발표하고 현장 목회자들에게 선교적 교회와 관련된 다양한 자료들을 제공해 왔습니다. 또한 에드 스테처(Ed Stetzer)와 데이비드 푸트만(David Putman)의 『선교암호해독하기』(Breaking the Missional Code), 데이비드 보쉬(David Bosch)의 『길 위의 영성』(A Spirituality of the Road), 조지 헌터(George Hunter)의 『켈트 전도법』(The Celtic Way of Evangelism), 릭 로우즈(Rick

Rouse)와 크렉 벤 겔더(Craig Van Gelder)의 『선교적 교회 만들기: 교회변혁을 위한 지침서』(A Field Guide for the Missional Congregation), 앨런 록스버러(Alan Roxburgh)와 스캇 보렌(Scott Boren)의 『선교적 교회 입문』(Introducing the Missional Church), 킴 해몬드(Kim Hammond)와 대런 크론쇼 (Darren Cronshaw) 의 『보냄 받음: 선교적 교회의 6가지 모습』 (SENTNESS), 폴 던바(Paul J. Dunbar)와 앤서니 블레어 (Anthony L Blair)의 『변화에 무너지는 교회, 변화에 성공하는 교회』, 랜스 포드(Lance Ford)와 브래드 브리스코(Brad Brisco) 의 『선교적 교회 탐구』, 우드워드(Woodward)와 댄 화이트(Dan White)의 『선교적 교회 운동』 데이비드 피치(David E. Fitch)의 『하나님의 임재: 선교적 교회의 일곱 가지 제자훈련』, 데이비드 왓슨(David Lowes Watson)의 『언약의 제자도: 상호 영적 돌봄 을 통한 기독교 제자훈련』 등 선교적 교회와 관련된 최신의 책들을 번역, 소개해 왔습니다. 그리고 올해에는 '교회의 신앙서약 제자훈련 그룹을 위한 핸드북'이 되어줄 데이비드 왓슨의 『영적 보살핌을 책임지는 제자훈련』을 출판하게 되었습니다.

번역에 수고해 주신 이후천 교수님과 출판해 주신 올리브나무 유영일 대표님께 감사드리며, 특별히 지난 1년 동안 코로나 19로 매우 힘든 상황 속에서도 본 연구소를 위해서 기도해 주시고 지원해 주신 모든 이사회 목사님들께 진심으로 감사드립니다. 앞으로 이 책이 '언약의 제자도를 위한 핸드북'으로 평신도 훈련을 위한 좋은 교재로 사용되기를 소망하며 다시 한 번 감사의 말씀을 드립니다.

한국교회선교연구소(KOMIS) 이사장 **이현식**
진관교회 담임목사

목차

서문

    신앙서약 제자훈련(Covenant Discipleship) 그룹을 위한 이 작은 가이드북은 초기 감리회 속회라는 중요한 웨슬리 전통을 따르고 있다. 이 신앙서약 제자훈련이라는 개념이 자신들의 신앙에 더 깊이 헌신하기를 원하는 그리스도인들의 요청에 부응하여 발생되었다는 점에서 웨슬리 전통을 따르고 있는 것이다. 지난 8년간 교회의 단순하고 오랜 신앙실천 전통에 따라 하나님의 은혜를 구하는 수많은 신앙서약 그룹들이 모임을 가졌다.

    그들이 사용할 매뉴얼을 만드는 이유는 사람들이 매주 모임에서 발견한 것을 명확하게 표현하고, 다른 사람들에게 영적 보살핌을 서로 책임지는 제자훈련 자료를 제공하기 위함이다.

    이처럼 신앙서약 그룹은 초기 감리회 속회와 연관되어 있는데, 이 모임은 어떤 계획 아래 이루어졌기보다는 우연히 생겨났고,

최소한의 형식을 지키고 인쇄된 규정들을 지킴으로써 기능하게 되었다. 사실상 우리가 웨슬리로부터 받은 인상은 그가 속회를 위해 쓴 지침들이 매주 만나는 사람들을 "사랑 안에서 서로 돌보는 데 있어서" 그들을 위한 헌신과 실제적인 증거에는 부수적이라는 것이었다. 이 핸드북은 교회 회중들 속에 신앙서약 제자훈련 그룹들을 조직하기 위해 특별히 준비되었기 때문에, 이러한 초기 감리회의 기원을 매우 폭넓게 다루고 있다. 속회의 신학 및 역사를 보다 상세하게 연구하는 데 관심이 있는 사람들을 위해 제자훈련 교재부에서 발간한『초기 감리회 속회: 그 기원과 중요성』이라는 자매편도 있다. 여기에는 초기 감리회 운동의 규칙들과 쉽게 얻기 힘든 속회에 관한 일부 기록들을 재현한 부록이 포함되어 있다.

신앙서약 제자훈련 그룹에 대한 모델은 노스캐롤라이나주 홀리스프링스(Holly Springs) 연합감리교회(UMC)에서 처음 구체화되었는데, 그곳은 필자가 듀크 대학에서 초기 속회에 관한 박사학위 논문을 쓰면서 목회했던 곳이다. 그 이후로 이 그룹들은 연합감리교회의 남부중앙 지역과 남감리회 대학의 퍼킨스신학교(Perkins School of Theology) 캠퍼스에 있는 많은 회중에게 소개되었다. 가장 최근에는 퍼킨스신학교에서 이러한 그룹 활동이 입학 첫해 모든 학생에게 요구되는 영성 형성(spiritual formation) 훈련의 새로운 과정으로 채택되었다. 그룹들의 사례들을 살펴보면, 그 그룹의 형식이 지향하는 실용주의와 포괄성이, 그리스도교 제자훈련을 받는 동안, 그룹에 참여하는 사람들의 종교적 경험이 크게 다르더라도 서로를 받아들이고 서로를 지원하도록 허용해 주었음을 알 수 있다.

　다음 장에서 다루게 될 복음의 증인에 관해 도움을 준 많은 사람들 중에 두 사람을 언급하지 않을 수 없다. 아칸소주 콘웨이 (Conway)의 제일연합감리교회 목사 짐 빌(Jim Beal)은 이 그룹들의 지속적인 옹호자로서 그 교회 신도들이 그 그룹을 통해 성숙하도록 인도하고, 더 많은 사람들에게 소개하는 데 힘을 쏟았다. 나는 그의 격려와 그리스도교 동료애에 많은 빚을 지고 있다. 텍사스주 달라스의 변호사이자 상담사인 메릴 하트만(Merrill Hartman)은 라오스(laos: 백성공동체) 사역의 본보기를 보여주며, 하나님의 은혜에 대한 열린 마음으로 수많은 사람들을 감동시킨다. 제자훈련에 임한다는 것이 무엇인지에 대해 우리가 함께 나눈 많은 대화는 그리스도와 함께 하는 나의 발걸음을 매우 풍요롭게 했다.

　웨슬리 자신이 200년 전에 인정했듯이, 속회는 교회에서 새로운 것이 아니었다. 또한 신앙서약 제자훈련 그룹도 새로운 것이 아니다. 그러나 그것들은 나날이 소홀히 여겨지고 있는 은혜의 수단이고, 우리 시대의 제자훈련에 대한 소명을 성취하기 위한 수단으로서, 그것들을 다시금 부흥시킬 때가 무르익었다는 것이 나의 확신이 되었다.

1983년 9월
퍼킨스신학교 (달라스, 텍사스주)

개정판 서문

이 핸드북은 1984년에 총회 제자훈련국(General Board of Discipleship)에서 신앙서약 제자훈련 그룹을 미연합감리교회의 프로그램으로 채택함에 따라 많은 곳에서 널리 사용하게 되었고, 그에 따라 개정 출판의 필요성이 생기게 되었다. 이로써 현재 전국에서 모임을 갖고 있는 신앙서약 제자훈련 그룹들로부터 제공된 수많은 제안과 통찰력들을 포함시킬 수 있는 기회가 주어진 셈이다.

감리회 전통의 이러한 차원이 다시 한 번 교회의 혈류에 흐르도록 주도한 총회 제자훈련국의 총무 에즈라 얼 존스(Ezra Earl Jones)에게 특별한 감사의 말씀을 전한다. 그리스도인 제자훈련 분야에서 그의 리더십은 현재 우리의 연결 시스템(connectional system)에 있어서 중요한 구성 요소이다. G.B.O.D.(General

Board of Discipleship, 1972년 설립, 2015년에 Discipleship Ministries로 개칭)의 회중생활센터(Center for Congregational Life)를 통해 지도와 지원을 아끼지 않은 나의 동료 레이 셀스(Ray Sells)에게도 감사드린다. 또한 꼼꼼하게 개정판 제작에 열심을 다해 도움을 준 제자훈련 자료실(Discipleship Resources)의 조지 콜러(George E. Koehler), 리 보넷(J. Lee Bonnet), 메리 푸(Mary Pugh)에게도 감사하다는 말을 전한다.

2년 전에 그 수고에 대해 감사를 표했던 믿음의 친구들이 기독교 봉사의 더 많은 영역으로 옮겨가서 신앙서약의 제자훈련 그룹들을 계속해서 지도하고 있다는 것을 기록하게 되어 너무 기쁘다. 짐 빌(Jim Beal)은 현재 U.M.C. 북 아칸서스 연회(North Arkansas Conference)의 베이트빌(Batesville) 지방 감리사이다. 그리고 메릴 하트만(Merrill Hartman)은 현재 텍사스 달라스에 있는 제303가정법원(303rd Family District Court) 판사이다.

1985년 7월
총회 제자훈련국 (내쉬빌, 테네시주)

복음의 증인이 되기 위한 도전

그리스도인이 된다는 것은 결코 쉬운 일이 아니며, 20세기 후반에도 예외가 아니다. 여러 시대에 걸친 그리스도인들과 함께 예수 그리스도의 신실한 제자가 되려고 노력하는 사람들로서 우리 세대는 끊임없이 긴장하며 살고 있다. 우리는 나사렛 출신 목수의 부르심을 듣고 그분의 구원하시겠다는 제안에 회개와 기쁨으로 응답한다. 그러나 우리가 구원받은 자로서의 삶을 살려고 할 때, 그 부르심은 점점 더 당혹스러울 정도로 직접적인 문제로 대두된다. 유대인의 결혼식에서 축하하고, 유대인의 음식을 먹고, 팔레스타인의 길을 걷고, 유대인의 땀을 흘렸던 예수님의 삶과 가르침에 대해 더 많이 알면 알수록 우리가 더욱 깨닫게 되는 것은, 그분의 부르심이 의심의 여지없이 모든 것이 여전히 열려 있는 제자훈련으로의 초대라는 것이다.

예수님은 단 하나의 조건을 내걸었다. 그런데 그것은 사실상 무조건적인 것으로, 신뢰하면서 따르는 순종이다. 예수님은 "나를 따르라"고 시몬과 안드레에게 말했다(마 4:18-22). 그들이 이 말을 얼마나 마음에 들어 하는지 확인해 보는 시험 기간은 없다. 장차 어떤 혜택이 주어질 것이라는 것에 대한 검토도 없다. 따라나섰을 때 인생과 인격이 어떻게 바뀔지에 대한 전망에 대해서도 언급이 없다. 이 특별한 랍비를 따르는 것에 대한 보상이란 그분의 사역에 참여하는 특권, 그 이상도 이하도 아니었다.

길을 따라가다 보면, 예수님의 추종자들은 그 보상이 얼마나 값진 것인지를 실감하게 될 것이다. 그러나 이것이 그분의 부르심에 응답하는 동기가 될 수 없고, 또 그렇게 되어서도 안 된다. 나사렛 예수를 따르겠다는 결단은 무제한의 위험을 감수하면서 영원히 중요한 것들을 위하여 세상에서 중요하게 여기는 모든 것을 기꺼이 포기하겠다는 것을 의미한다. 예수님의 숨겨진 보화(마 13:44), 어리석은 부자(눅 12:13-21), 돌아온 탕자(눅 15:11-32)와 같은 비유와 가르침들은 이것에 대해 거듭거듭 분명히 보여주었다. 그리고 전심으로 예수님을 따르라는 것은 자신의 가족과 친구들을 미워하라는 가혹한 지시를 의미했다(눅 14:26).

예수님과 함께하려는 목적은 이 세상을 위한 새로운 시대

(New Age)에 대한 그분의 비전과 그것을 실현시킬 수 있는 유일한 사람이 바로 그분이라는 확신을 공유하기 위한 것이었다. 이 비전에 대한 예수님의 말씀은 **하나님의 나라**(kingdom)이고, 하나님의 뜻이 실제로 하늘에서 이루어진 것같이 땅에서도 이루어질 그때는(마 6:10), 곧 하나님께서 가장 약자로부터 가장 힘 있는 자들에 이르기까지 모든 사람들에게 진정으로 하나님으로 인정받게 되는 새로운 시대를 말한다(렘 31:34). 새로운 시대에는 늑대가 어린 양과 함께 거하고, 표범이 어린이와 함께 누우며, 사자가 소처럼 풀을 먹을 것이고, 물이 바다를 덮음같이 하나님을 아는 지식이 세상에 충만할 것이다(사 11:8 이하). 새로운 시대에는 가난한 자에게 복음을, 포로 된 자에게 자유를, 눈 먼 자에게 다시 보게 함을, 눌린 자에게 자유가 주어질 것이다 (눅 4:18-19). 새로운 시대에는 유대인이나 헬라인, 종이나 자유인, 남자나 여자의 차별이 없을 것이다(갈 3:28).

그리고 **지금**이 바로 이것을 기대해도 될 때였다. 미래에 대한 이 예언자적 비전이 예수 그리스도의 인격 안에서 현재의 현실이 되었다. 지금이 바로 희년의 해가 되었다. 지금 바로 새로운 시대가 눈앞에 왔다(눅 4:21).

제자훈련의 대가

우리는 이 비전이 궁극적으로 예수님의 끔찍하고 고통스러운 처형으로 이어졌다는 것을 알고 있다. 그리고 수세기 동안 예수님의 추종자들 중 많은 사람이 그분의 사역에 목숨을 바쳤다는 것도 알고 있다. 20세기 이후도 예외는 아니다. 불의와 억압의 가혹한 현실에 직면하면서도 예수님의 제자가 되기 위해 값비싼 대가를 치르려는 그리스도인들이 전 세계에 계속해서 등장한다. 그들의 이야기는 규칙적으로 불안을 조장하며 우리에게 다가온다. 미사 집전 중 교회 제단에서 살해된 엘살바도르의 로마 가톨릭 대주교, 투옥되어 심문받고 추방된 볼리비아의 감리교회 감독, 자신들 나라의 정치적 박해 때문에 난민이 된 러시아의 오순절파 그리스도인들, 복음증거의 온전함을 추구하며 인종차별의 유산과 씨름하고 있는 남아프리카의 교회 지도자들…. 그리고 미국에서 60년대의 예언자들 뒤에는 수천 명의 이름 없는 복음의 증인들이 있었는데, 그들은 종종 투옥이나, 신체적 학대, 심지어는 자신들의 삶을 희생시키는 대가를 지불하면서까지 자신들의 나라를 모든 이들을 위한 자유와 정의의 유산에 대한 새로운 이해로 이끌어갔다.

일반적으로 주류 개신교 교회에 속한 미국인들에게 이것은 매우 현실적인 딜레마를 제시한다. 우리는 우리의 삶과 일에서 신실한 믿음의 증인으로서의 역할을 유지하려고 노력하지만,

그리스도인 제자훈련을 함에 있어서는 대가를 덜 치르고 훨씬 덜 역동적이라는 것을 아주 잘 알고 있다. 우리는 넘쳐나는 과학기술의 교묘한 손아귀에서, 그것을 활용하는 정도와 상관없이 일상의 삶을 살아가고 있다. 우리가 직면하고 있는 도전들은 편부모, 과식, 십대의 약물 남용, 비디오 중독, 실업, 직업경쟁 등의 문제일 가능성이 매우 높다. 우리는 이러한 풍요가 주는 부담들에서 살아남기 위한 매일의 투쟁에 너무 몰두한 나머지 다른 어느 곳도 아닌, 바로 우리 자신의 나라에서 순교자들의 투쟁에 참여할 수 있는 육체적, 감정적, 지적 또는 영적 에너지가 전혀 없는 것으로 보인다.

사회학자나 심리학자 혹은 설교자들이 우리의 문제를 반복적으로 진단하는 것 또한 도움이 되지 않는다. 우리는 우리의 딜레마를 너무 잘 알고 있다. 우리들 중에 과체중인 사람들은 세계 그 어딘가에서 2초마다 한 명씩이 기아로 죽어가고 있다는 사실을 아무리 알려주어도 조금도 동요하지 않는 것으로 보인다. 우리들 중에 십대 자녀의 부모인 우리들은 핵전쟁이 인류를 멸망시킬 수 있다는 것을 일깨워주어도 자극받는 것으로 보이지 않는다. 우리는 군비 경쟁에 반대하는 그리스도인이나, 그것이야 말로 국가들 간의 힘의 균형을 맞추는 확실한 방법이라고 주장하는 사람들과 함께 연대해야 한다는 것을 마음속 깊이 알고 있다. 우리는 어떤 입장도 취하지 않는 것이 무책임의 극치라는 것을 알고 있지만, 우리 대부분이 바로 그렇게 하고 있다. 우리들 중에 재산과 양육권을 둘러싸고 격렬한 다툼이 벌어져 결혼생활이 파탄 나고 있는 형편에서 남성 지배적인 사회로부터 여성의 해방에 관한 것이라든지, 어떤 대가를 치르더라도 가정이 하나의 그리스도인 가족으로서 유지되어야 한다든지 하는 그런 논쟁에 대해 듣고 싶어 하는 사람은 거의 없다.

그러한 현실 분석과 현실참여 촉구가 무의미하다는 말이 아니다. 정반대로, 그것들은 복음이 우리 존재의 모든 수준에서 인간관계와 사회구조에 영향을 미친다는 것을 상기시켜 주면서, 우리 시대에 그리스도교 제자훈련이 가장 첨예한 문제임을 증명해 주었다. 우리들 대부분에게 이러한 딜레마는, 그 문제들이 당장에 해결해야 할 매우 현재적이고 시급한 것들이라는 점이다. 가정과 일터에서의 이러한 일상적 압박에 직면하여 제자훈련의 더 큰 비전에 대한 우리들 대부분의 반응은, 좌절감이나 분노에 가까운 것 같다. "세상의 이런 문제들에 대해 내가 무엇을 할 수 있겠는가? …내가 대체 무엇을 할 수 있단 말인가?"

제자훈련의 고뇌

이 질문들은 공허한 것이 아니다. 우리들 대부분은 진심을 다해, 때때로 고뇌에 차서 이러한 질문들을 던지고, 이 질문들에 대해 정말로 답변을 듣고자 한다. 우리는 의사소통 기술의 마비효과(numbing effect)에도 불구하고 굶주린 아이들이 텅 빈 눈과 불룩해진 배를 드러낸 채 우리를 응시하는 사진에 마음의 동요를 느껴 왔다. 우리는 우리 시대에 홀로코스트의 극명한 잔해인 집단 무덤, 고문실, 강제수용소를 보면서 예민해지지 않을 수 없다. 우리는 북아일랜드와 레바논에서 반복되는 폭격 뉴스를 보았고, 경제적이고 문화적으로 유대가 강한 두 나라가 외딴 남대서양 전투에서 수천 명의 젊은 생명을 희생시켰어야 했다는 사실에 마음 아파했다.

하지만 이것이 전부는 아니다. 우리는 세상의 인간들이 하나님을 거역하는 계속되는 증거들을 보면서, 우리들 자신 역시 그 일부가 된다는 사실을 깨닫게 된다. 예수님의 계명은 분명했다. 우리가 하나님을 사랑하고, 우리의 이웃을 우리 몸처럼 사랑하라는 것이었다. 그러나 우리가 과연 이 명령에 순종할 수 있을지는 의문이다. "그들은 우리의 사랑으로 우리가 그리스도인이라는 것을 알게 될 것이다(They will know we are Christians by our love)"라는 잘 알려진 복음송가 후렴구가 있다. 글쎄, 어쩌면 기분 좋은 날에는 그럴 수 있을지 몰라도, 대부분의 일상에서는 어려울 것이다. 그리고 참으로 아이러니한 것은, 무엇보다도 주일마다 우리가 시험에 든다는 것이다. 조급한 마음으로 욕실을 서로 먼저 차지하기 위해 애쓰다가 아침 식사는 하는 둥 마는 둥 교회에 가기 직전 스크램블 한 수저를 겨우 뜨게 되는 그런 일상에 너무 익숙해 있다. 그러면서 우리는 일요신문을 들고 휴식을 취하기 전 아침 공기를 여유롭게 만끽하며 두 번째 커피 잔을 즐기고 있는 길 건너편의 이웃 이교도를 힐끗 쳐다본다. 이때 우리는 잠깐 동안의 부러움을 느낀 것을 용서받아야 할지도 모르겠다. 분명한 건, 우리가 하나님의 사랑과 평화를 이루어야만 할 사람들이라는 것이다!

　우리는 우리 삶에서 진정으로 답을 구하고 있는데, 그것은 우리 삶 가운데 하나님의 뜻이 무엇인지, 우리가 긴장 속에서 살면서도 나사렛 예수님을 따르고 있다는 확신을 갖고 있는지에 대한 것이다. 교회 안에 있는 히스패닉, 흑인, 아메리카 원주민, 아시아인과 같은 소수 형제자매들은 하나님의 구원이 사랑뿐만 아니라, 새로운 정의의 질서라는 것을 우리에게 깨우쳐준다. 전 세계의 자매와 형제들은 우리에게 새로운 선교사의 열정으로 복음 메시지를 보내며, 북미교회의 자기중심적이고, 영적 진통제로서 복음을 남용한 것에 대해 부드러우면서도 분명하게 질책한다. 그들의 말을 듣다 보면, 우리는 깊은 상처를 받게 된다. 우리는 더 이상 지역에 머물러서는 안 되고, 이제는 글로벌한 회중들 속에서 우리의 역할을 수행해야 할 것인데, 어떻게 그런 역할을 감당할 것인가? 또한 예배와 지원 활동의 현장 속에서 우리의 복음증거가 과연 어느 정도의 진실성을 지니게 될까?

그런 것들을 잘 알지 않으면 안 되는 때가 온 것이다.

제자훈련의 힘

무엇보다 우리는 이러한 긴장이 새로운 것이 아님을 성경에서 잘 알 수 있다. 바울이 로마서에서 분명하게 밝히고 있는 것처럼, 이 긴장은 인간의 죄만큼이나 오래된 딜레마이다. 왜냐하면 우리가 우리를 회개와 용서로 초대하는 하나님의 말씀을 진정으로 듣게 될 때, 우리의 곤고함 정도에 따라 비판적 자의식으로 우리 자신을 공격하기 때문이다:

내가 행하는 것을 내가 알지 못하노니 곧 내가 원하는 것은 행하지 아니하고 도리어 미워하는 것을 행함이라 만일 내가 원하지 아니하는 그것을 행하면 내가 이로써 율법이 선한 것을 시인하노니 이제는 그것을 행하는 자가 내가 아니요 내 속에 거하는 죄니라 내 속 곧 내 육신에 선한 것이 거하지 아니하는 줄을 아노니 원함은 내게 있으나 선을 행하는 것은 없노라 내가 원하는 바 선은 행하지 아니하고 도리어 원하지 아니하는바 악을 행하는도다 …내 속사람으로는 하나님의 법을 즐거워하되 내 지체 속에서 한 다른 법이 내 마음의 법과 싸워 내 지체 속에 있는 죄의 법 아래로 나를 사로잡아 오는 것을 보는도다 오호라 나는 곤고한 사람이로다 이 사망의 몸에서 누가 나를 건져내랴? (롬 7:15-19, 22-24).

우리가 알고 있는 것처럼 이러한 딜레마는 바울의 그 다음 말씀을 통해 승리의 선언으로 해결된다:

그러므로 이제 그리스도 예수 안에 있는 자에게는 결코 정죄함이 없나니 이는 그리스도 예수 안에 있는 생명의 성령의 법이 죄와 사망의 법에서 너를 해방하였음이라 율법이 육신으로 말미암아 연약하여 할 수 없는 그것을 하나님은 하시나니 곧 죄로 말미암아 자기 아들을 죄 있는 육신의 모양으로 보내어 육신에 죄를 정하사 육신을 따르지 않고 그 영을 따라 행하는 우리에게 율법의 요구가 이루어지게 하려 하심이니라… 무릇 하나님의 영으로 인도함을 받는 사람은 곧 하나님의 아들이라 너희는 다시 무서워하는 종의 영을 받지 아니하고 양자의 영을 받았으므로 우리가 아빠 아버지라 고 부르짖느니라 성령이 친히 우리의 영과 더불어 우리가 하나님의 자녀인 것을 증언하시나니 자녀이면 또한 상속자 곧 하나님의 상속자요 그리스도와 함께 한 상속자니…(롬 8:1-4, 14-17a).

신학자들은 이 위대한 진리를 믿음으로 말미암아 의롭게 된다는 이신칭의(justification by faith) 교리라고 칭하였으며, 종교개혁 이후 줄곧 개신교의 근본 뿌리가 되어 왔다. 우리의 죄악에도 불구하고, 우리의 불완전함에도 불구하고, 우리가 최선을 다하면 하나님께 충분하다(our best is good for God)는 것이 그리스도 안에 있는 하나님의 선언이다. 하나님께서는 우리의 흠을 하나도

감추지 않고 있는 모습 그대로를 받아들이신다. 우리는 더 이상 우리가 해야 한다고 알고 있는 것과 다른 사람들이 하는 것에 의해서, 더욱이 다른 사람들이 우리더러 우리가 해야 한다고 말하는 것에 의해서도 심판받지 않는다. 우리가 하나님 가족 일원으로서 화해하였다는 사실을 알고 있기 때문에, 우리는 그러한 모든 짐으로부터 해방된 것이다. 우리가 어떤 공적을 쌓았든지, 그리고 우리가 어느 정도의 헌신을 하고 있든지 간에, 우리는 영원한 것과 다시 한 번 함께한다는 것을 알고 있음으로써 넘치는 기쁨과 평화를 누리게 된다.

다음 옛 찬송가의 가사가 감동을 주는데, 그 의미를 깊이 생각하며 불러야 한다:

큰 죄악에서 건지신 주 은혜 고마워
나 처음 믿은 그 시간 귀하고 귀하다.[1]

은혜의 초대하는 힘이 우리가 하나님으로부터 분리되었다는 사실을 깨우쳐 주는 것처럼, 은혜의 화해케 하는 힘이 우리를 하나님의 사랑으로 회복시켜 준다. 나사렛 예수께서 약속하셨기

---

1) *The Methodist Hymnal* (Nashville: United Methodist Publishing House), #92. "나 같은 죄인 살리신,"「통합찬송가」405장.

때문에 우리는 이것을 아는 것이다. 하나님께서 그분을 죽음에서 살리셨기 때문에, 그의 약속은 진실하시다.

제자훈련의 과제

그러나 이것은 그의 약속 범위가 아니었고, 그것이 부르심의 완전한 목적도 아니었다. 그분께서는 그분의 첫 번째 제자들에게 나타나셔서 죄와 죽음에 대한 자신의 승리를 확신시켜 주었을 뿐만 아니라, 앞으로 닥칠 과제를 그들에게 맡겼다. 이 사명은 우리에게도 동일한 도전이고, 동일한 약속이다. 그분은 우리더러 하나님의 세상 구원을 준비하는 데 자신의 제자가 될 것을 촉구하시면서, 우리에게 친교의 특권을 약속하신다. 더욱이 이것은 모든 것을 함께 나누는 진정한 친교의 제안이다. 바울이 로마서에서 말한 바와 같이, 우리가 그리스도와 함께 고난을 받는다면, 우리는 그리스도와 함께 상속자가 되어 그분과 함께 영광을 받게 될 것이다. 죄악에 대한 그리스도의 승리는 아직 충만한 데에 이르지 아니하였고, 제자훈련에 임하라는 그분의 부르심에 응답하는 사람들은 자기 자신과 그리고 더 나아가 세상과 싸울 준비가 되어 있어야 한다:

생각건대 현재의 고난은 장차 우리에게 나타날 영광과 족히 비교할 수 없도다 피조물이 고대하는 바는 하나님의 아들들이 나타나는 것이니… 피조물이 다 이제까지 함께 탄식하며 함께 고통하는 것을 우리가 아나니 이뿐 아니라 또한 우리 곧 성령의 처음 익은 열매를 받은 우리까지도 속으로 탄식하여 양자 될 것 곧 우리 몸의 구속을 기다리느니라 우리가 소망으로 구원을 얻었으매 보이는 소망이 소망이 아니니 보는 것을 누가 바라리요 만일 우리가 보지 못하는 것을 바라면 참음으로 기다릴찌니라 (롬 8:18-19, 22-25).

이 메시지를 들으면 고무되는 것이 사실이지만 동시에 냉정함이 필요하다. 우리가 아무리 기쁜 마음으로 하나님의 자녀로서 하나님과 화해할 수 있다 하더라도, 우리의 불완전함에도 불구하고 자유하게 하시는 하나님께 아무리 받아들여진다고 해도, 우리의 제자훈련에는 더 큰 상황이 있다. 하나님의 구원 계획은 전 지구적이고, 실제로 우주적인 차원을 가지고 있다. 우리가 그리스도 안에서 하나님과의 화해를 통해 새 생명을 얻게 된 것과 마찬가지로, 하나님께서는 피조물 전체에게 새 생명을 주려고 하신다. 예수 그리스도의 사역과 고난을 통해서 우리 자신의 거듭남이 일어나는 것처럼, 세상도 마찬가지 과정을 통해서 거듭난다. 예수 그리스도의 제자로서 우리는 그 사역과 고난에 참여하도록 부름 받은 것이다.

우리가 그리스도 안에서 개인적인 용서와 화해를 찾았지만,

그 결과 제자훈련이 우리를 다시 한 번 죄와 고통과 악의 현실과 마주하게 되는 세상으로 되돌아가게 한다. 그 차이점은, 이번에는 죄와 고난이 단지 개인적인 것이 아니라, 불의한 억압과 질병의 고통, 기아문제와 비참한 인간의 삶에서 보듯이, 전 세계적이고 구조적이라는 것이다. 개인적 제자훈련의 기쁨과 자유는 우리를 전 세계적 제자훈련에 도전하도록 가차 없이 이끄는데, 바로 이때 우리는 우리의 딜레마와 직면하게 되는 것이다. 세상이 여전히 하나님을 거부하고 있고, 특히 우리 안에도 여전히 거부하는 성향이 있는데, 어떻게 우리가 예수 그리스도께 순종할 수 있겠는가?

말할 필요도 없이, 세상과 영적 단절(spiritual withdrawal)을 하고, 하나님과 우리의 새로운 관계를 누릴 수 있는 안전한 장소를 찾음으로써 우리는 그 딜레마를 피할 수 있다. 우리의 교회들에는 그러한 피난민들이 많이 있는데, 이들은 신실한 제자훈련의 현실에서 벗어나기 위한 수단으로 그리스도교의 친교를 추구하는 사람들이다. 그들은 세상을 삐딱하게 보기 때문에 죄와 악으로 가득 찬 이 세상이 예수님께서 구원하러 오신 행성이라는 사실을 잊어버리고 있다. 그들은 하나님께서 우리 안에 있는 아흔아홉 마리와 함께 머물기보다는 잃어버린 한 마리 양을 찾으러 나가실 것이라는 사실을 기억하지 못한다. 그들은 집에 머물렀던 아들이 아니라, 돌아온 탕자를 위해 아버지가 잔치를 베푸는 비유를 깨닫지 못하고 있는 것이다. 그들은 하나님 나라에 들어가는 기준이 바른 믿음(right belief)이 아니라 바른 행동(right action)이라는 예수님의 경고를 모르고 있는 것 같다(마 25:31-46). 복음의 무게는 **세상이 곧 하나님의 구원의 영역이라는 것**, 그리고 **구세주의 제자들은 하나님이 일하시는 곳에서 그분과 함께해야 한다는 것** 모두에 주어져야 하는 것이다.

제자훈련의 희망

물론, 예수님의 삶과 가르침을 너무 엄격하게 적용하는 제자훈련이 비현실적이라고 주장하는 사람들이 있다. 바울이 옳고, 그들의 주장 또한 옳다. 세상은 참으로 거듭남을 기다리고 있다. 그러나 그 일은 영원의 이쪽에서는 일어나지 않을 것이며, 그동안 세상은 과거에 늘 그랬듯이 불완전한 채로 남아 있을 것이다. 그러므로 우리는 우리가 하게 되는 타협에 대해 용서해 주시는 하나님을 신뢰하며, 이러한 불완전함과 더불어 사는 법을 터득하지 않으면 안 된다. 결국 우리 주변에서 볼 수 있는 악과 고통에 대해 할 수 있는 일은 많지 않으며, 우리가 할 수 있는 최선이란 일상생활에서 신실하게 그리스도를 따르고, 이러한 큰 문제들을 적절한 때에 처리해 주실 하나님을 신뢰하는 것이다.

그리스도인의 제자훈련에 대한 이러한 견해는 성경을 대충

읽어만 봐도 하나님의 구원에 대한 신약의 비전에 훨씬 미치지 못한다는 것을 보여준다. 바울의 메시지는 희망 중의 하나이다. 언젠가 이루어질 세상에 대한 희망, 예수 그리스도에 의해 선포되고 시작된 새 시대에 대한 희망이다. 그리고 이 구세주를 따르도록 부름 받은 우리들은 새로운 시대에 대한 그분의 비전을 공유할 뿐만 아니라, 그것을 **최대한 모든 사람들과 함께**(to the fullest) 나누어야 한다. 부르심이 경고의 말과 함께 오는 이유가 바로 여기에 있다. 그리스도인이라는 이름을 받아들인다면 그리스도의 고난에 참여할 준비가 되어 있어야 한다는 경고 제자훈련에의 부르심이란, 우리 삶의 모든 면에서 예수님을 닮는다는 것 이상을 의미한다. 실수도 있을 것이고, 결점도 있을 수 있다. 그러나 **의도**(intent)의 타협은 절대로 해서는 안 된다. 우리는 그분의 사영에 필요한 모든 것을 바칠 준비가 되어 있어야 한다. 필요하다면, 우리의 생명까지도 버릴 수 있어야 한다.

바로 이 점에서, 우리들 중 많은 사람들이 불안해한다. 바울이 로마서 8장에서 우리에게 제시하고 있는 것은 바로 이것인가? 제자훈련은 불가능한 긴장(impossible tension) 속에서 살아야만 되는 급진적인 대안인가? 신실한 복음의 증인들이 직면하고 있는 현실은, 우리가 세상에서 무엇을 해야 하는지 알면서도, 로마서 7장의 딜레마가 보여주듯이, 그것을 할 수 없다는 우리 자신을 발견함으로써 하나님과 맺은 새로운 관계의 자유를 취소

하는 것인가? 신실한 제자훈련의 유일한 길이 그리스도의 말씀을 문자 그대로 받아들이고, 가난한 사람을 먹여 살리기 위해 우리가 가진 모든 것을 나누어 주며, 그분의 십자가를 따르는 순교자의 길밖에는 없는 것인가? 우리가 언급한 바와 같이, 우리 시대에도 바로 그렇게 증언하는 그리스도인들이 있다. 그들은 가난한 사람들을 위해 가진 모든 것을 팔고, 풍요의 한가운데에서 단순하게 사는 것이 가능하다는 것을 우리에게 보여주고 있다. 우리도 그렇게 똑같이 해야 하지 않겠는가?

우리의 소명(부르심)에 대한 딜레마와 마찬가지로, 우리의 사명에 대한 이러한 딜레마에 대한 해답은 하나님의 은혜에 있다. 그리스도께서는 그분의 제자로 세상에서 살아가는 동안에 우리가 성령의 사랑과 능력 안에서 성취할 수 있는 것보다 더 많은 것을 요구하지 않으신다. 제자훈련으로 우리를 부르셨기에 앞으로 다가올 여정에서도 든든하게 버팀목이 되어 주시겠다는 은혜의 약속이 지켜질 것이다.

이제껏 내가 산 것도 주님의 은혜라
또 나를 장차 본향에 인도해 주신다.[2]

우리 집 부엌의 벽에는 한 여자가 몇 해 년 전 내게 준 팻말이

---

2) 같은 곳.

걸려 있는데, 거기에는 "어디를 가든 하나님의 은혜가 당신을 지켜주리라. 그것이 하나님의 뜻이다"라는 진리의 말씀이 쓰여 있다. 하나님께서는 우리에게 새로운 실패를 안겨주기 위해 우리의 죄와 연약함을 용서하신 것이 아니었다. 그리스도는 우리가 그분의 성령의 능력 안에서 할 수 없는 그 어떤 것도 우리에게 요구하지 않으신다. 바울이 말하였다: "우리 주 예수 그리스도로 말미암아 하나님께 감사하리로다⋯ 만일 하나님의 영이 너희 속에 거하시면 너희가 육신에 있지 아니하고 영에 있나니"(롬 7:25, 8:9).

제자훈련의 조건

그런데 우리 딜레마의 바로 그 해결책 속에는 중요한 전제가 있다. 그렇다, 하나님께서는 우리가 하도록 부름을 받은 모든 일에서 우리를 든든하게 지켜주실 것이다. 또한, 창조세계 전체에서 그 어떤 것도, 심지어 새로운 생명의 산고의 진통 속에 있는 피조물조차도, 우리를 그 은혜의 사랑과 능력에서 끊을 수 없다. 다시 말해, 우리의 선택의 자유 외에는 어떠한 조건도 없다. 하나님의 은혜가 너무 은혜로워서 그것을 받아들일 것인지, 거부할 것인지, 우리에게는 언제나 선택권이 주어져 있다. 이것이 궁극적으로 우리의 제자훈련을 값진 것으로 만들어 준다. 바울은 로마서 8장에서 이것을 거듭해서 우리에게 상기시킨다: 만일 우리 속에 하나님의 영이 거하시면; 만일 우리가 그리스도와 함께 고난을 받는다면; 만일 우리가 하나님의 자녀라면; 만일 우리가 보이지 않는 것을 바란다면, 만일… 바울은 계속해서 더욱 강력하게 다음과 같이 지적한다:

> 그러므로 형제들아 내가 하나님의 모든 자비하심으로 너희를 권하노니 너희 몸을 하나님이 기뻐하시는 거룩한 산 제물로 드리라 이는 너희가 드릴 영적 예배니라 너희는 이 세대를 본받지 말고 오직 마음을 새롭게 함으로 변화를 받아 하나님의 선하시고 기뻐하시고 온전하신 뜻이 무엇인지 분별하도록 하라 (롬 12:1-2).

우리가 주목해야 할 것은, 이 권면이 자기수련이나 세상의 변혁을 위해 노력하라는 촉구가 아니라, 하나님의 은혜가 우리 삶에 그대로 임하도록 하라는 매우 단순하면서도 심오한 권면이라는 것이다. 왜냐하면 하나님의 은혜야말로 우리가 신실한 제자가 될 수 있는 유일한 힘이기 때문이다. 이 모든 것의 핵심 단어는 **순종(obedience)**이다. 그러므로 그리스도인들은 언제나 "내가 순종하고 있다는 것을 어떻게 알 수 있을까? 내가 하는 일이 하나님의 뜻이라는 것을 어떻게 알 수 있을까?"라는 근본적인 질문을 던져야 한다.

바울의 대답은 다시 한 번 하나님의 은혜를 확언하고 있다:

> 이와 같이 성령도 우리의 연약함을 도우시나니 우리는 마땅히 기도할 바를 알지 못하나 오직 성령이 말할 수 없는 탄식으로 우리를 위하여 친히 간구하시느니라 마음을 살피시는 이가 성령의 생각을 아시나니 이는 성령이 하나님의 뜻대로 성도를 위하여 간구하심이니라 우리가 알거니와 하나님을 사랑하는 자 곧 그의 뜻대로 부르심을 입은 자들에게는 모든 것이 합력하여 선을 이루느니라 (롬 8:26-28).

다시 말해, 하나님의 은혜를 받아들이는 그리스도인들, 하나님의 권능과 능력과 사랑과 평화가 자신들의 삶에 역사하도록 허용하는 그리스도인들은, 순종하는 제자훈련에 대해 확신을 갖게 된다. 이것이 완벽한 제자훈련이 되지는 않겠지만, 그들이 바칠 수 있는 최고의 제자훈련이 될 것이며, 하나님께 온전히 받아들여질 것이다. 그러나 이러한 은혜 없이 제자가 되려고 애쓰는 그리스도인들은 순종할 능력이 부족한 것이며, 그리하여 스스로 무엇을 해야 할지 알면서도 결코 할 수 없는 딜레마에 빠져 있다는 사실을 깨닫게 될 것이다. 그러한 그리스도인들은 결코 마음의 평화를 얻지 못하고, 늘 불확실성으로 가득 차서 제자훈련을 하는 데 있어서 더 큰 대가를 치르는 사람들로부터의 복음증거 때문에 지속적으로 찔림을 당하게 된다.

만약 우리가 이 땅의 수많은 성직자와 평신도의 말을 받아들일 수 있다면, 바로 여기에서 오늘날 수많은 미국 그리스도인들이 자기 자신을 발견하게 될 것이다. 그들은 자신들이 살고 일하는 세상의 모순 속에서 자신들이 할 수 있는 최선을 다하려고 끊임없이 노력하고 있지만, 그들의 최선이 하나님을 충족시킬 만큼 좋은 것이라고는 결코 확신하지 못한다. 평균적인 미국 그리스도인들은 민간 신앙인들과 별반 다를 것이 없다고 비난하는 무분별하고 독선적인 비평가의 주장과는 달리, 우리의 교회들 안에는 제자훈련에 더 깊은 헌신을 할 의지와 준비가 되어 있는 사람들이 많이 있다. 문제는, 어떻게 하면 그 헌신을 믿음직하고 충실하게 실행할 수 있느냐 하는 것이다. 대부분의 미국 교회 신도들에게 공통된 특성이 있다면, 그것은 건전한 상식이다. 그런데 우리는 인간 개성의 발전을 지나치게 중시하는 바람에 이 세상에서 하나님의 사역을 소홀히 하게 됨으로써 현대적 형태의 영성을 의심해야 하는 상황에 이르게 되고 말았다. 마찬가지로, 우리는 당면과제를 중시한 나머지 하나님의 은혜를 부차적인 것으로 만들어 버리는 듯한 세속적인 참여의 권면들 역시 철저히 불신한다.

제자훈련의 실천

신실한 제자훈련은 수세기 동안 그리스도인들이 스스로 하나님의 은혜에 마음을 여는 과정을 통해 잘 시도된 특정한 수련에 달려 있다. 존 웨슬리는 이러한 훈련들을 은혜의 수단으로 언급하면서, 가능한 한 자주 실천해야 할 필요성을 초기 감리교인들에게 심어주었다. 수많은 웨슬리의 제자훈련 지침들과 마찬가지로 이 방법은 건전한 상식과 연결되어 있다. 만약 그리스도의 제자훈련으로의 부르심이 우리에게 요구된다면, 그리고 이러한 요구 조건이 오직 하나님의 은혜로써만 충족될 수 있다면, 이는 남자든 여자든 자신의 힘으로 그 요구 조건을 충족시키려고 애썼던 그리스도인에게는 뭔가 분명해지는 것이 있을 것이다. 그리고 만약 교회가 수세기에 걸쳐 이 은혜를 받기 위한 믿을 만한 경로가 있다는 것을 발견했다면, 그리스도인들이 이러한 은혜의 수단을 최대한 사용할 수 있도록 그 확실한 모습을 보여주어야 마땅할 것이다. 마찬가지로, 그리스도인이 이러한 은혜의 수단을 사용하지 않아서 그 결과 그들의 제자훈련이 결과적으로 모순과 불확실성으로 가득 차 있다는 사실을 발견한다면, 우리가 왜 그것을 사용하고 있지 않은지, 절박함을 갖고 자문해야 한다.

초기 감리회 신도들은 스스로 이런 질문을 던졌고, 우리의 예상대로 그들의 대답은 실제적이고 현실적이었다. 내가 그런 생각을 하게 된 것은, 몇 년 전 옥스퍼드대학교 학생이었을 때였다. 대부분의 신입생들처럼 나는 시간과 기회를 최대로 활용하기 위해 온갖 종류의 좋은 결심을 하게 되었다. 무엇보다도

나는 이곳이 200여 년 전에 웨슬리의 연구 장소였다는 것을 너무 잘 알고 있기에 "규칙적(methodical)" 접근을 하기로 결심하였다. 내가 한 결심 중 하나는 몸을 건강하게 유지하겠다는 것이었고, 그렇게 하기에 가장 좋은 방법은 아침 식사 전에 매일 달리기를 하는 것이라고 결정을 내렸다. 첫 주에는 매일 아침마다 달리기를 했다. 아침식사는 새로운 의미를 주었고, 나는 하루 일과가 활력이 넘치고 상쾌해지는 것을 느꼈다. 둘째 주에는 두어 번 아침 달리기를 하지 못했다. 셋째 주에는 한 번의 아침을 제외하고는 모두 달리기를 하지 못했다. 넷째 주에는 한 번도 달리기를 하지 못했다. 그리고 다섯째 주가 되자 **내년에** 매일 아침 달리기를 지속하겠다고 결심을 수정하고 말았다!

그러나 이듬해가 되자 나는 예방책을 강구하게 되었다. 옆집에 사는 이웃에게 나와 함께 달리지 않겠느냐고 물었다. 그가 "좋은 생각인데요."라고 말했다. 그리고 나는 착잡한 기분으로 내가 일을 저질렀다고 생각했다. 내가 늦을 경우에 그는 "달릴 시간이에요!"라는 기분 좋은 말로 내 문을 두드렸다. 그렇게 많다고는 볼 수 없지만 나도 아침에 여러 번 그를 기분 좋게 부르기도 하였다. 가끔 우리는 둘 다 늦었고, 동시에 방에서 튀어 나올 때도 있었는데, 그때마다 이제 막 나가려고 했다거나, 서로가 부르려고 했다고 우기곤 하였다! 우리는 일 년 내내 매일 아침 그렇게 했다.

이것을 인간의 의지의 현상으로 탐구할 필요는 없다고 본다. 이것은 단지 어떤 일들은 한 사람보다 두 사람이 더 잘 한다는 것을 보여준다. 우리는 그것을 삶의 모든 영역에서 발견한다. 식탁에 한 명 이상이 있을 때, 음식을 더 맛있게 요리하게 되는 경향이 있다. 빌딩 건설현장의 건축 기술자들은 동료가 반드시 필요하다고 생각한다. 비행 전 점검을 하는 항공 조종사들은 서로의 기억에 의존한다. 쓰레기를 수거하는 환경미화원들은 운전과 수거를 동시에 할 팀을 필요로 한다. 산악인들은 등반을 위해 함께 밧줄로 묶고, 운동선수들은 경주를 위해 서로 보조를 맞춰주는 등, 모두가 다른 사람들의 도움과 지원을 필요로 한다. 요컨대 인간의 한계나 오류에 노출되는 어떤 것도 신뢰성을 보장하기 위해 다른 사람과의 공생적 관계(collegial presence)를 필요로 하는 것이다. 이것이 삶의 진실이다.

그러나 그리스도인으로서 우리는 이러한 원리를 (우리로 하여금 은혜의 수단을 이용할 수 있게 해주는) 제자훈련의 가장 기본적인 요구조건에 적용하기를 끈질기게 소홀히 하고 있다. 그러므로 그리스도인에게 있어서 헌신이 어떠한 의미를 지니는지 우리가 끊임없이 찾고 있다는 것은 그리 놀라운 일이 아니다. 하나님의 은혜에 열려 있도록 서로 돕는 데 실패함으로써, 우리는 제자훈련에 있어서 의도적으로 자족(self-sufficiency)을 선택하고 있다. 그리고 이것은 우리가 성경에서 분명히 보았듯이, 용어상의 모순이다. 웨슬리의 생생한 언어로 말하자면, 이것은 우리가 우리의 믿음을 파멸시키고 있다는 것을 의미한다.

　자족이란 우리 시대에 제자훈련을 하도록 새롭고 더 깊이 있는 헌신으로 부르시는 성령의 부르심이 실행 불가능한 것으로서 종종 거부되고 있는 이유이기도 하다. 일요일 아침에 예배를 드리는 대부분의 사람들이, 가난한 사람들을 먹이고 헐벗은 사람들에게 옷을 입히기 위해서 자신들이 가진 모든 것을 팔 생각이 없다는 것은 분명하다. 사회정의의 문제에 대해 입장을 표명하는 사람은 여전히 소수이다. 그러다 보니 교회를 다닌다는 것과 값비싼 대가를 치러야 하는 제자훈련을 받는다는 것이 모순으로 인식되고, 교회는 사람들이 도전하는 곳이 아니라, 주로 도움을 받기 위해 가는 곳이 되어버리고 만다. 리처드 니부어(Richard Niebuhr)의 유명한 주장이 뒤집힌 셈이다. 복음이 고통 받는 사람들을 위로하고 안락한 사람들을 괴롭히는 대신, 고통 받는 사람들을 외면하고 있는 사람들에게 안락함을 주고 있다고 할 수 있는 것은, 그 대안이 불가능할 정도로 비현실적인 것처럼 보이기 때문이다. 필요한 것은, 미국의 일반적인 회중을 대상으로 (값비싼 대가를 치러야 하는) 제자훈련을 실천하기 위한 실용적인 형식과 체재이다.

제자훈련의 원형

웨슬리의 초기 감리회 신도회(Methodist societies)에서 발견되는 신앙적 유산 중에 **속회**가 우리에게 바로 그러한 모델을 제공한다고 생각하는 미국 연합감리회 교인(United Methodists)들이 있다. 속회는 매주 모이는 모임으로, 신도회(society) 내의 작은 소모임이며, 속도원들은 자신들의 제자훈련을 서로에게 간증함으로써 서로를 돌보는 복음의 증인으로 세워지도록 하였다. 웨슬리는 이 속회들을 감리회 운동의 "힘줄들(sinews)"로 여겼다. 속회는 속도원들이 "사랑으로 서로를 보살피는(watched over one another in love)" 수단으로 여겨졌던 것이다.3) 이 속회들은 쉽게 이해될 수 있는 견고한 신학적 원리에 기반을 두었고, 영적 상호 보살핌을 책임지는 것뿐만 아니라 복음의 풍부한 전통을 만들어내기에 이르렀다. 초기 감리회 신도들은 성경과 교회의 가르침의 깊이를 서로가 잘 파악하도록 도움을 주었다. 그들은 말씀에 대한 반영들만을 제공하는 얕은 연못이 많았던 때에, 복음의 깊은 우물에서 나오는 물을 마셨다.

요약하자면, 그들은 은혜의 수단을 자신들에게 적용함으로써

---

3) "The Nature, Design, and General Rules of the United Societies, in London, Bristol, Kingswood, Newcastle-upon-Tyne, &c." (1743), *The Works of John Wesley*, 14 vols. (London: Wesleyan Methodist Book Room, 1872. Repr. ed. Grand Rapids, Michigan: Baker Book House, 1979), 8:269.

전심으로 제자훈련을 실천했다. 지금이야말로 그들의 모범을 따르기 위해 우리가 필요한 조치를 취해야 할 최고로 좋은 때가 아닌가 싶다. 죄는 우리들이 현재 겪고 있는 딜레마와 거의 관련이 없다. 죄란 곧 상식을 실천하는 데 대한 실패인 것이다.

생각과 토론을 위하여

1. "하나님의 나라가 임하옵시며 하나님의 뜻이 하늘에서와 같이 땅에서도 이루어지이다"라고 기도 할 때, 이것이 당신에게 어떤 의미가 있나요?

2. 복음의 증언을 할 때 어려움을 겪은 적이 많이 있나요? 보상은 받았나요?

3. 풍요의 문화 속에서 살아가는 그리스도인들이 가난이나 억압의 한복판에서 큰 대가를 치르며 제자훈련을 증언하는 사람들에게 어떻게 반응해야 하나요?

4. 로마서 7장에서 바울이 표현한 딜레마가 신앙생활을 하면서 해결되었나요?

5. "복음의 무게는 세상이 곧 하나님의 구원의 영역이라는 것, 그리고 구세주의 제자들은 하나님이 일하시는 곳에서 그분과 함께해야 한다는 것 모두에 주어져야 하는 것이다."(33쪽)는 말이 의미하는 바가 무엇이라고 생각하나요?

6. "실수도 있을 것이고, 결점도 있을 수 있다. 그러나 의도(intent)의 타협은 절대로 해서는 안 된다."(34쪽)라는 내용을 가지고 토론하시기 바랍니다.

7. "어디를 가든 하나님의 은혜가 당신을 지켜주리라. 그것이 하나님의 뜻이다"(36쪽)라는 말을 당신의 인생에서 체험하고 있나요?

8. 우리가 제자훈련을 할 때 겪게 되는 현재의 딜레마는 상식대로 행하지 않기 때문(45쪽)이라는 지적에 동의하나요?

제 1 부

초기 감리회 제자훈련

초기 감리회 신도들은 교회의 오래된 규율들이 제공하는 은혜의
수단을 통해 능력을 얻음으로써 세속적인 삶의 현실에서 자신들
의 구원을 이루어냈다. 그들은 그리스도인 친교의 전통을 계승하
며 영적으로 상호 보살핌을 실천함으로써 제자훈련을 수행했다.

제1장
웨슬리의 그리스도교 제자훈련 이해

　　존 웨슬리의 영적이고 교회에 충실했던 순례는 그에게 초기 감리회 신도회들을 세상에서 그리스도인이 된다는 것이 무엇을 의미하는지에 대한 실제적인 이해로 이끌어나가는 데 중요한 도전을 주었다. 그는 제자훈련 정신(the spirit of discipleship)으로부터 힘을 얻었고, 많은 조직들 안에 그것을 적용했다. (우리는 그 조직들을 통해서 여전히 배울 것이 많다.) 영국국교회에서 그의 양육은 그에게 그리스도교 전통의 중요성, 특히 가시적 기관으로서의 교회의 중요성을 심어주었다. 동시에 모라비안 경건주의와의 만남은 그에게 그리스도 안에서의 개인적인 구원과 죄인의 삶을 변화시키는 하나님의 은혜의 힘에 대해 깊은 깨우침을 주었다.

신앙생활에서의 은혜와 순종

초기 감리회 제자훈련의 독특한 특징은 이 두 가지, 은혜와 순종이라는 강조 사항이 신도회들의 생활과 사역에서 분명했다는 사실이다. 한편으로는 그리스도를 통한 구원의 제시가 있었는데, 이러한 하나님의 초대하는 은혜가 죄인들을 용서와 화해로 인도했다. 이것이 하나님과의 새로운 관계, 즉 신생(new birth)이다. 그러나 이 새로운 관계를 유지하기 위해서는 하나님의 은혜로 용서받고 화해한 죄인을 변화시킬 수 있는 순종하는 제자훈련의 삶이 있어야만 했다. 이러한 제자훈련이 복음의 증언을 강화하고 발전시키는 데 필요했을 뿐만 아니라, 그것 없이는 하나님과의 새로운 관계가 받아들여지지 않았고, 믿음도 무의미해졌다.

순종에 대한 이러한 강조는 초기 감리회 신도들에게 깊은 확신을 제공해 주었다. 한 사람이 하나님과의 이러한 새로운 관계를 어떻게 경험하든, 사람들은 순종하는 제자가 되기 위해 최선을 다할 수 있고, **이것이 하나님께 받아들여질 것임을 알 수 있다.** 신도회들의 규칙에 따르면, 회원이 되기 위한 유일한 조건은 특별한 신앙체험을 했다고 주장할 수 있는지의 여부와 관계없이 그리스도인이 되고자 하는 **열망(desire)**이라고 명시하고 있다. 그러나 감리회 신도회 회원으로 **계속해서 머물기 위해서는** 반드시 악을 피하고, 선을 행하며, 교회가 인정한 은혜의 수단을 사용하는 것을 실제로 입증함으로써, 이러한 열망의 증거를 제시해야만 했다. 제자훈련이란 사랑의 법에 따라 그리스도의 계명을 따르는 것을 의미했으며, 따라서 일상생활에서 매우 기본적인 어떤 규칙들을 기꺼이 따르려는 사람이라면 누구라도 시도할 수 있었다.

이것이 초기 감리회 속회를 그리스도교 제자훈련의 중요한 패러다임으로 만드는 것이다. 그렇다. 제자훈련은 그리스도 안에서 하나님과의 새로운 관계에 대한 믿음을 '열린 친교(open fellowship)' 안에서 나눌 수 있게 하는 수단이었다. 그러나 그것은 또한 그리스도인들이 그리스도께 순종하여 행한 일에 대해 이야기하는 지점이기도 했고, 그곳에서 그들은 신앙의 지도를 받을 수 있었으며, 필요하다면 서로 교정을 받을 수 있었다. 실천해야 할 책임적인 영적 보살핌과 함께 나눌 체험이 있었는데, 이러한 매주의 모임은 두 가지를 모두 실천할 수 있는 기회였다. 이것이 웨슬리 당시의 감리회 운동의 특징이었으며, 아마도 감리회가 현대세계 교회에 할 수 있는 가장 중요한 공헌일 것이다.

그러나 우리는 이러한 패러다임을 수용할 수 있으려면 중요한 검증 절차가 필요하다. 속회는 **전통을 세워나가는(traditioned)**, 즉 그 자체의 상황에서 이해되고, 그 다음에는 세계에서 현대 복음증거에 적합한 경우에만 현대의 제자훈련에 도움이 될 수 있을 것이다. 이것이 아주 중요한 것은, 우리가 소그룹들이 우리

사회 구조에 있어서 유용하고 필요한 구성 요소로 인식되는 문화 속에서 살고 있기 때문이다. 특히 교회에서 대부분 이 소그룹들은 친교의 자발성을 강화하고 유지하는 역할을 하는데, 성경적 단어인 **코이노니아**(koinonia)로 가장 잘 묘사된다. 이러한 작은 모임들이 기술 사회에서 무시되거나 버림받은 사람들을 위해 많은 일을 하고 있다는 것은 의심의 여지가 없으며, 다른 곳에서는 찾을 수 없는, 친교를 위해 교회를 찾은 사람들에게 가장 확실하게 도움을 준다. 그러나 초기 감리회 속회에는 단순한 친교 이상의 훨씬 더 많은 것이 있었다.

이러한 매주의 모임들은 무엇보다도 그리스도인들이 그들의 메시지에 상당히 적대적인 세상에서 진정한 그리스도인이 되도록 준비시키기 위해 고안되었다. 초기 감리회 신도들은 자신들이 세상에 들어가 성령의 능력으로 하나님의 구원을 선포하는 일에 부활하신 그리스도와 함께하라는 직접적인 사명을 받았다고 믿었다. 속회는 그들이 이러한 사명을 수행하면서 받게 되는 충격과 상처를 공유하고, 서로를 위로하고 격려하며, 당면 과제에 영적 상호 보살핌을 책임지기 위해 만나는 장소였다. 이것이 오늘날 제자훈련의 모델로서 속회를 검토하려고 할 때, 명심해야 할 사항이다.

웨슬리와 그리스도교 전통

그러기 위해서, 우리는 우선 존 웨슬리와 그가 직접 받아들이고 물려준 전통에 주목해야 한다. 이것은 그의 사역의 성격상 쉬우면서도 어려운 일이다. 한편, 그의 일기와 편지는 우리에게 교회 지도자의 삶과 사역에 대한 어쩌면 가장 완벽한 기록을 보여주고 있는데, 우리에게 강점과 한계를 가진 인간으로서의 그를 알 수 있도록 도와준다. 다른 한편으로는, 정확히 말해서 이 상세한 기록이 너무 매력적이기 때문에, 그의 사역의 신학적 토대를 간과하기 쉽다. 더욱이 그는 복음전도자(evangelist)였으며, 진정한 복음전도자들은 항상 세상과 접촉하고 있어, 이러한 것이 언제나 안전한 교회의 담 안에서 살아가는 우리 같은 사람들에게 당혹스러울 수 있다. 앨버트 아웃러(Albert Outler)가 이를 잘 표현했는데, 웨슬리는 "신학자의 신학자가 아니다. 그의 주된 지적 관심과 업적은 충만함과 진실성을 가지고 '일반 대중을 위한 일반 대중의 쉬운 말'로 그리스도교 메시지를 전달한 것이었고, 이는 대중신학(folk theology)이라고 명명할 만한 것이었다."[4]

신학을 일반 대중과 관련되게 하고 그리스도교 메시지를 최대한 많은 사람들에게 전달하려는 이러한 관심은, 웨슬리가 우리를

---

4) Albert C. Outler, ed. *John Wesley*. Library of Protestant Thought (New York: Oxford University Press, 1964), p. vii.

위하여 그리스도교 신앙에 대한 상세한 해설을 남기는 것을 방해한 요소이기도 하다. 그러나 그의 저술들은, 그의 사역의 맥락에서 읽을 때, 그리스도교 신앙의 본질적인 긴장감, 즉 복음의 비전과 세상에서 살아가면서 부딪치는 현실을 아주 명확하게 표현하고 있다. 웨슬리가 이러한 긴장을 이해하게 된 것은 세상 속에서 자신들의 믿음을 실천하기 위해 애썼던 평범하고 겸손한 그리스도인들 사이에서 사역했기 때문이다. 사실 이것이야말로 그를 개신교에서 가장 중요한 교회 지도자로 만든 것이다. 그는 자신과 설교자들이 선포한 메시지에 대한 사람들의 반응을 진지하게 받아들였는데, 이러한 순전한 사람들의 믿음이 교회의 가르침만큼 진실성(integrity)을 가지고 있다는 것을 발견했기 때문이다. 그러나 동시에 그는 영국국교회의 법과 교리에 대한 최고의 권위를 인정하여, 규정되어 있는 내용을 인정하지 않거나, 실행하지 않는 사람들에게는 비판적이었다.

초기 감리회 신도회들의 정치형태(polity)는 그리스도교 전통에 관심이 있는 교회 신학자로서의 웨슬리와, 복음전파와 그가 선포한 메시지에 응답한 사람들의 신앙 증진에 관심을 가지고 현장에서 실천하는 목회자로서의 웨슬리 사이의 긴장 속에서 형성되었다. 언뜻 보기에는 단순한 실용주의로 보이지만, 건전한 신학적 원리와 교회의 중요한 개념에 기반을 두고 있음이 오랜 세월에 걸쳐 거듭 증명되고 있다.

속회는 신학과 목회자의 신념 사이에서 우리가 가지고 있는 긴장을 보여주는 가장 좋은 사례 중 하나이다. 웨슬리 자신이 진술한 바와 같이, 속회에 대한 개념은 브리스톨 신도회에서 완전히 다른 무언가를 논의하는 과정에서 착상되었다. 그것은 건물부채에 대한 논의였는데, 즉각적으로 그 부채를 갚아야만 했기에 모든 신도회들이 이를 주요 사안으로 채택하게 되었다. 이것이 감리회 운동에 있어서 전형적인 웨슬리의 리더십이었다. 그는 주어진 상황이 긴급할 때 무엇이 필요한지 즉각적으로 대처할 수 있는 실질적인 조치들에 언제든지 열려 있었다. 그러나 그렇다고 해서 아무렇게나 채택된 것은 아니었다. 이것들은 반드시 성경적이어야만 했고, 교회에 대한 그의 신학적 이해와 언제나 일치했다.

웨슬리의 목회사역에 있어서 성공회와의 긴장관계

웨슬리의 목사사역(churchmanship)의 뿌리는 영국 개신교의 유산이었다. 웨슬리는 성공회 교인으로서 가시적 교회의 타당성과 권위를 인정했지만, 성경에만 근거를 두고 모이는 교회에 대한 청교도 정신에서도 영향을 받았다. 웨슬리는 두 가지 개념을 모두 강조했다. 그는 목적을 위해 하나님이 선택하신 모이는 공동체의 타당성을 인정했다. 그러나 이것이 포용적이고 가시적인 교회라는 폭넓은 개념을 부정하는 것은 아니었고, 하나님의 선행적 은혜의 수단으로서 확실히 세상 안에 있으면서 세상에 속하는 모든 이들에게 다가가는 것이었다.

교회에 대한 이러한 견해를 가장 잘 묘사하고 있는 표현은 독일의 경건주의에서 유래된 '큰 교회 안의 작은 교회들'(라틴어 *ecclesiola in ecclesia* : 영어 "little churches within the church") 이다. 웨슬리는 이 작은 교회인 **에클레시올라**가 감리회 신도회 안에서 양육 받은 사람들에게 아주 중요한 역할을 하였다는 사실을 발견했다. 분명히 이 그룹들은 하나님에 의해 함께 모였고, 하나님의 능력과 목적으로 축복을 받았다. 그럼에도 불구하고 그는 그것들이 그리스도교 전통의 주류에 기반을 둔 가시적인 영국국교회 내에서 견고하게 유지하는 것이 중요하다고 판단했다. 그는 살아있는 동안 이 소그룹들이 더 큰 교회인 **에클레시아**의 일부일 경우에만 법적으로 유효한(valid) 것으로 간주했다. 프랭크 베이커(Frank Baker)의 결정적인 연구가 분명히 밝히고 있듯이, 웨슬리는 새로운 교단을 설립하려는 의도가 조금도 없었다. 그가 공언한 목적은 "새로운 교회의 계획을 세우려는" 것이 아니라, 시대에 뒤떨어진 옛 교회를 개혁하려는 것이었다.[5]

---

5) Frank Baker, "John Wesley's Churchmanship," *London Quarterly and Holborn Review* 185 (1960):210. See also *John Wesley and the Church of England* (Nashville: Abingdon, 1970), pp. 4-5.

더 나아가, 이러한 목적은 그의 사역이 끝날 때까지 변하지 않았다. 우리가 알고 있듯이, 그는 1784년에 미국선교를 위해 안수식을 거행했고, 1785년부터 스코틀랜드 선교를 위해 안수식을 거행했다. 그러나 그는 영국의 신도회들이 영국 성공회에서 분리되는 것을 불필요한 분열로 간주하여 여전히 거부했다. 감리회 정치형태를 규정하는 다양한 규칙들이 강조했던 것은, 교회를 분열시킬지도 모르는 교리 논쟁이 아니라, 교회 안에서의 제자훈련이었다.

그럼에도 불구하고 '작은 교회들'이라는 신도회들의 본질은 그 운동 속에 내재된 분리주의 경향을 만들어냈고, 역설적이게도 그 주된 이유가 교회의 목적이 그 기능보다 우선시되어야 한다는 웨슬리의 고집 때문이었다. 그는 제자훈련의 참된 의미를 **구원의 사역(working out)으로** 보았다. 그래서 감리회 신도들은 이러한 사명을 지니고, 자신들의 신앙에 대한 살아있는 복음의 증인이 됨으로써 교회질서나 교리보다 "콘월(Cornwall)의 양철공들, 뉴캐슬(Newcastle)의 석탄운반선 뱃사람들, 킹스우드와 스태퍼드셔(Kingswood and Staffordshire)의 광부들, 무어필드(Moorfield)의 술주정뱅이들, 욕쟁이들, 안식일을 지키지 않는 사람들과 드루리 레인(Drury Lane)의 매춘부들"에게 복음을 전도하는 것을 더 중요하게 여기게 되었다.6) 그는 자신의 사명이

---

6) 같은 곳.

분명했기 때문에, 그가 강단에서 3년간 설교할 때 가졌던 만족감보다, 엡워스(Epworth)에 있는 아버지의 무덤에서 사흘 동안 설교할 때에 훨씬 더 만족감을 느꼈다는 것은 결코 과장된 말이 아니다:

성경의 하나님께서는 내게 힘닿는 데까지 무지한 사람을 가르치고, 악한 사람을 변화시키며, 도덕적인 사람을 키우라고 명하신다. 어떤 사람들은 나에게 다른 사람의 목회지에서 이런 일을 하지 말라고 금지한다. 하지만 나는 지금 나의 목회지(parish)가 없고, 아마 앞으로도 없을 것이다. 그러면 나는 하나님과 사람 중에 누구의 말을 들어야 하겠는가? …**나는 전 세계가 나의 목회지**라고 생각한다. 지금까지 나는 나 자신이 어떤 처지에 있다 할지라도 구원의 기쁜 소식을 기꺼이 듣고자 하는 모든 사람에게 선포하는 것이 적절하고, 올바르며, 반드시 완수해야 할 의무라고 판단해 왔다. 이것이 하나님께서 나를 부르셔서 맡기신 사역이라고 알고 있다. 그리고 나는 하나님의 축복이 바로 거기에 임하신다고 확신한다.[7]

웨슬리는 복음을 들고 현장으로 나가는 것이 감리회 신도들과

---

7) *The Oxford Edition of the Works of John Wesley*, Editor in Chief, Frank Baker, Vol. 25: *Letters 1: 1721-1739*, ed. Frank Baker (Oxford: at the Clarendon Press, 1980), pp. 615-16. See also Vol. 11: *The Appeals to Men of Reason and Religion and Certain Related Open Letters*, ed. Gerald R. Cragg (1975), p. 324.

영국국교회 사이에 긴장의 근원이 되리라는 것을 알고 있었다. 실제로 감리회 운동이 탄력을 받음에 따라 여러 면에서 영국 성공회로부터 분리하는 것이 가장 확실하게 취해야 할 조치가 되었다. 성공회의 비평가들은 감리회에 대해 감리회가 분파주의 운동이고, 그러니 차라리 분리하는 편이 더 좋을 것이라는 태도를 보여주었다. 그러나 웨슬리의 신학은 언제나 그의 정치의 실용주의를 견지했고, 그는 분리를 용납하거나, 심지어 고려조차 하지 않았다. 그는 감리회 정신이 모교회인 성공회와 분리하게 되면 상당히 훼손될 것이라고 굳게 믿었고, 성공회 신앙과 실천 안에서 감리회 신도회들의 정당성을 강하게 주장하였다. 그는 신도회들의 목적이 가능한 한 자주 대화하고 기도함으로써 구성원들로 하여금 서로가 강건해지도록 격려하는 것이라고 지적했다. 또 이러한 실천과 수련은 "가장 명백한 이유, 그리고 신약과 구약 성경 둘 다에 바탕을 두고 있어서, 그 성경구절들을 암송하는 것이 지루할 수도 있다"는 것을 지적하였다.[8]

문제는 많은 감리회 평신도들이 그것을 그렇게 보지 않았다는 것이다. 왜냐하면 특히 18세기 동안에는 성공회에 반대하는 회중들일지라도 집회를 여는 것이 가능했기 때문인데, 집회를 연다는 것은 정기적으로 주일 예배를 드리고, 독립적인 교회 조직을 가질 권리를 갖는다는 것을 의미하였다. 웨슬리가 감리회

---

8) "A Plain Account of the People Called Methodists," *Works*, 8:248.

는 영국국교회의 일부로 남아 있어야 한다고 한 주장에 대해 많은 신도회들은 그것이 불합리하다고 생각했던 것으로 보인다.

그러므로 웨슬리는 성공회에서 분리하게 될 때의 악영향에 대해 신도회 회원들에게 경고하기 위해 애를 썼다. 그는 분리의 목적들이 그 방법 때문에 항상 실패했다고 주장했다. "이 실험은 이미 너무 자주 시도되었고, 기대했던 바대로 성공하지 못했던 것이 분명하다."9) 1789년, 그는 감리회에서 이런 일이 발생한다면 그 결과는 "무미건조하고 지루한 단체"로 분리된 사람들의 감소로 이어질 것이라고 기록하였다. 그리고 그는 자신이 살아 있는 한, 온 힘을 다해 분리되는 것을 막겠노라고 선언했다. 그의 주장의 핵심은 강력했다. 피할 수만 있다면, 신앙의 우선순위에서 그 분리에 대한 관심을 딴 데로 돌리고자 했던 것이다.

그는 **교회의 분열에 관한**(On Schism) 설교에서, 그러한 분열적인 태도를 본질적으로 악하고, 사랑의 법을 심각하게 위반하며, 그리스도인들을 하나로 묶어야 하는 신앙의 본질에 모순된 것이라고 정의했다. 분열은 그 자체가 악이기 때문에 악한 열매를 맺고, 무지비한 심판과 분노 그리고 원망에 문을 열어주는 것이며, 그 결과 비방과 험담으로 이어질 것이다. 웨슬리는 이런 주장들이 상상에서 나온 것이 아니라, 자신이 실제로 겪었던

---

9) "Reasons Against a Separation from the Church of England," *Works*, 13:226.

사건들의 경험에서 입증된 명백한 사실임을 피력했다. 쟁점은 분리가 그 자체로(*per se*) 허용되는지의 여부가 아니었다. 분명한 것은, 교회가 성경에 반하는 교인을 만들거나 다른 그릇된 가르침으로 이끈다면 그 교인은 분리되어야 한다는 점이다. 죄란 다름 아닌 **불필요한**(unnecessary) 분리였다.[10)]

    웨슬리는 그의 전 사역을 통해 이러한 입장을 확고히 유지했다. 이러한 그의 입장은 자신의 동료들과 여러 번 불편한 관계를 야기시켰고, 영국국교회의 고위 성직자에 의해 결코 인정받지 못했다. 그러나 그는 "교회 속의 작은 교회들(*ecclesiola in ecclesia*)"의 정신과 구조 속에서 진정한 제자훈련에 대한 자유와 책임적인 영적 보살핌, 그리고 교회(*ecclesia*)뿐만 아니라, 작은 교회(ecclesiola), 곧 속회도 동등하게 중요하다고 보았다. 속회는 단순한 방편이 아니었다. 그것은 신실한 그리스도인 생활의 원천으로서 교회에 대한 건전하고 민감한 이해에 기반을 두고 있었다.

---

10) Sermon "On Schism," *Works*, 6:406ff.

생각과 토론을 위하여

1. 초기 감리회 신도들에게는 믿음과 행위 중에 어느 것이 더 중요하게 간주되었는가?

2. "상호 영적 보살핌(mutual accountability)"이라는 구절을 어떻게 이해해야 할까?

3. 웨슬리의 강점은 (a) 신학자로서, (b) 교회 지도자로서 어떻게 드러났는가?

4. 오늘날 현대 교회에서 '교회 속의 작은 교회들(*ecclesiola in ecclesia*)'의 사례를 발견할 수 있는가?

제2장

제자훈련 조직의 원형들

우리는 웨슬리 목회사역의 많은 부분에서 그의 형성기에 영향을 준 두 가지 훈련받는 신앙생활을 보여주는 특별한 원형들을 추적할 수 있다. 그것은 "교회 안의 작은 교회들(*ecclesiola in ecclesia*)"이 실천된 형태들로서 영국국교회의 경건회(the Religious Societies)와 모라비안(the Moravians)의 공동체 생활이다.

실천적 경건

경건회

경건회는 17세기 후반에 처음 등장했으며, 영국에 정착한 독일 출신의 루터교 목사 안토니 호르넥(Anthony Horneck)

박사의 영향으로 조직되었다. 이 경건회는 좀 더 훈련받는 영적 생활을 발전시키려는 젊은이들로 구성되었는데, 그들은 자신들의 믿음과 자신들이 세상에서 어떻게 살아갈 수 있는지에 대해 이야기하기 위해 함께 모였다. 호르넥은 영적인 강조뿐만 아니라, 강한 예전적 그리고 음악적 중요성을 지닌 모든 모임에서 영국국교회와 "긴밀한 관계를 유지(keep close)"하도록 명시하는 일련의 규칙을 만들었다.

평신도 리더십이 처음부터 이 경건회의 특징이었다. 두 명의 "간사(steward)"가 임명되어 각 모임의 영적 토론을 이끌었는데, 이것은 그리스도인 제자훈련의 실천적인 측면을 증진시키기 위해 고안된 것이었다. 각 회원들에게 구체적인 질문을 던져 모든 사람이 참여하도록 하는 것이 핵심이었다. 이 경건회에 대해 가장 믿을 만한 역사를 쓴 조시아 우드워드(Josiah Woodward)에 따르면, 경건회에는 회원들끼리 터놓고 대화하며 다른 상황에서는 가능하지 않은 방법으로 마음을 열 수 있는 자유와 개방성이 있었다.[11]

세기가 바뀔 무렵, 그 경건회는 가난한 사람들을 돌보고, 빚을

---

11) Josiah Woodward, *An Account of the Rise and Progress of the Religious Societies in the City of London*, &c. (London, 1698). See also John S. Simon, *John Wesley and the Religious Societies* (London: Epworth Press, 1921), pp. 9-27.

갚아주며, 병자들을 방문하고, 고아들에게 필요한 것을 채워주며, 런던과 그 외곽지역에 약 100개의 학교를 세우는 등 실제적인 사회사업에 점점 더 많이 참여하게 되었다. 그들의 사역들은 1699년 기독교지식진흥회(the Society for Promoting Christian Knowledge)와 1701년에 해외복음선교회(the Society for the Propagation of the Gospel in Foreign Parts)의 설립으로 이어졌다. 웨슬리는 1732년 8월 SPCK의 객원회원이 되었는데, 아버지 사무엘 웨슬리(Samuel Wesley)을 통해서 이 회에 친숙해졌음에 틀림없다. 사무엘 웨슬리는 이 경건회의 활동에 대한 우드워드의 글을 읽고 나서 1701년 엡워스에 경건회를 조직했다. 모임은 주일을 준비하기 위해 토요일 저녁에 열렸고, 회원 수는 12명 이내로 제한되었다. 얼마 지나지 않아 30명에서 40명 이상에 이를 정도로 많은 사람들이 참여하길 원하자, 두 명의 회원을 임명하여 새로운 경건회를 시작할 수 있게 했다.

이와 관련된 엡워스에서의 또 다른 중요한 에피소드가 있다. 1712년 사무엘 웨슬리가 런던에서 열린 영국국교회 총회에 참석하고 있을 때, 그의 아내 수잔나는 "확대 가족 기도회(enlarged family prayers)"라 명명한 모임을 목사관 부엌에서 열기 시작했다. 1711-12년 겨울에 그녀는 두 명의 덴마크 모라비안 선교사 사역 이야기를 읽고 깊은 신앙체험을 했다. 그리고 그녀는 비록 자신이 "남자도, 목사도" 아니었지만, 자신과 가장 가까운 사람들과 신앙에 대해 더욱 깊이 이야기를 나누기로 결심했다. 그녀는 매일 저녁 시간을 정해 아이들과 번갈아가며 이야기하곤 했는데, 목요일은 '어린 존 웨슬리'의 밤으로, "최고로 깨우침을 주는 설교"에 대해 토론하러 오는 이웃들에게 목사관을 개방하였다. 참석 인원이 점차 늘어나서 마침내 200명을 넘어서게 되었다. 그녀가 이러한 모임들을 묘사하기 위해 회(society)라는 단어를 사용한 것은, 남편이 이미 시작했던 사역에 비추어 볼 때 의미가 없을 수 없다. 또한 그 모임들이 존 웨슬리에게 지속적으로 깊은 인상을 주지 못했을 수도 있다.[12]

감리회 정치형태의 직접적인 선례로 확인된 경건회의 많은 측면들이 있었는데, 그 중 가장 중요한 것은 평신도 리더십 역할의 증대와 사회선교에의 직접 참여일 것이다. 예를 들자면, 웨슬리가 감리회의 "최초의 등장(first rise)"이라고 묘사한 "옥스퍼드 신성 클럽 모임(the Oxford Holy Club)"에서 이와 같은 영향력을 볼 수 있다. 이 모임은 찰스 웨슬리와 더욱 열심히 영적 삶을 추구하고자 하는 두 명의 동료 학생들에 의해 조직되었으며, 1729년 웨슬리가 옥스퍼드로 돌아와서 그들의 정신적 멘토 역할을 맡으면서 도시의 가난한 사람들과 수감된 사람들을 돕는 일에 합류하게 되는 중요한 요인이 되었다.

---

12) *The Journal of the Rev. John Wesley, A.M.*, ed. Nehemiah Curnock. Standard Edition, 8 vols. (London: Epworth Press, 1909-1916), 3:33.

경건회들이 감리회를 위해 선례를 제공했을 뿐만 아니라, 많은 경우 경건회와 감리회는 직접적인 연관이 있었다. 신앙부흥운동이 시작되자 경건회가 비록 쇠퇴하긴 했지만, 결코 사라졌던 것은 아니었다. 웨슬리는 종종 자신의 설교를 수용해 주고, 중요한 핵심적인 회원들과 함께 자신의 신도회를 시작할 수 있었기에 경건회에 빚을 졌다. 그렇지만 중요한 차이가 있었다. 감리교회가 경건회에 침투해 들어가는 곳에는, 제자훈련의 해방시키는 **역동성**이라고 가장 잘 표현되었던 변화하는 과정(transforming process)이 있었다. 웨슬리는 훈련된 조직으로서의 경건회에 빚을 졌는데, 그것이 그가 새로운 감리회 신도회에 매우 중요하다고 생각했던 영국국교회와의 구조적 연계성을 상당히 유지해 주었기 때문이다. 다른 한편으로 신앙부흥운동이 정착되면서, 하나님의 은혜로운 주권에 대한 신자의 응답을 강조하는 "교회 안에서의 작은 교회" 개념인 영적 양육의 역동성이 경건회의 훈련된 형식 속에 주입되었다. 그리고 이것에 대해 웨슬리는 모라비아 교회에 빚을 졌다.

공동체의 경건

모라비아 교회

모라비아 교회의 역사는 중세 후기 그리스도교의 급진적 운동, 특히 존 후스(John Hus)의 추종자들에게로 거슬러 올라갈 수 있다. 1415년 그의 처형 이후, 로마 가톨릭교회에서 분리된 반체제 집단 중 하나가 스스로를 **보헤미아 형제단**(*Unitas Fratrum*)이라고 명명하고, 1467년에 첫 번째 교회 회의를 개최했다. 끊임없는 박해에도 불구하고 그들은 계속해서 힘을 키웠고, 성경에서 "남은 자(remnant)"라는 개념에서 유래한 그들 공동체의 "숨겨진 씨앗(hidden seed)"을 계속 살려나갔다. 바로 이들의 역할이 18세기에 감독제도와 완전히 에큐메니컬 관점을 살려서 **갱신 보헤미아 형제단**(*Renewed Unitas Fratrum*)[13]으로 그들의 전통을 부활시킬 때에 대단히 중요하였다.

모라비아 교회에 더 커다란 영향을 준 것은 독일 경건주의였다. 이 운동은 17세기 중반 루터교 목사 필립 야콥 스페너(Philipp Jakop Spener)가 훈련받는 친교모임이라는 목적을 가지고 작은

---

13) The terms "Moravian church" and "Unitas Fratrum" (Unity of the Brethren) are used interchangeably to describe the group which settled at Herrnhut —as is the term "Herrnhuter." See Gillian Lindt Gollin, *Moravians in Two Worlds: A Study of Changing Communities* (New York: Columbia University Press, 1967).

가정예배들로부터 시작되었다. 그의 사역은 아우구스트 헤르만 프랑케(August Hermann Francke)에 의해 계승되었다. 그는 후에 할레대학교의 신학교수가 되었고, 그의 리더십으로 경건주의는 보다 실천적인 방향으로 나아갔다. 고아원, 자선학교, 무료 진료소와 출판사가 설립되었다. 프랑케가 1700년 6월 SPCK의 객원회원으로 선출되면서 영국 성공회의 경건회 사역에 뜨거운 관심을 가졌던 것은, 웨슬리의 영국 성공회로부터 물려받은 유산과 더불어 주목할 만한 역사적 사실이다.

그러나 모라비아 교회에 가장 중요했던 것은 그들의 최고 지도자가 된 니콜라우스 루드비히 폰 친첸도르프(Nikolaus Ludwig von Zinzendorf) 백작의 '환대' 정신이다. 친첸도르프는 독일 경건주의에서 성장하였으며, 그 경건주의에서 가장 중요한 두 가지 정신을 모라비아 교회에 적용하는 데 크게 기여하였다. 하나는 슈페너와 프랑케가 분리시키지 않으면서 동등하게 교회를 부흥시키는 수단으로 간주한 "교회 안의 작은 교회" 정신이고, 다른 하나는 그리스도교 신앙의 근본원리로서 그리스도와의 인격적인 관계(personal relationship)를 중시하는 정신이다. 이 두 정신이 새로운 모라비아 교회에 커다란 영향을 끼쳤다.

1722년 친첸도르프는 모든 종류의 난민 그리스도인들을 위한 피난처를 만들겠다는 특별한 계획을 가지고 자신의 할머니로부터 베르텔스도르프(Berthelsdorf)의 토지를 구입했다. 그는 보헤미아 형제단이 박해를 받고 있다는 소식을 듣고 구입한 토지의 일부를 그들에게 제공하였으며, 1722년 말에는 "주님의 보호처(Watch of the Lord)"라는 뜻을 가진 **"헤른후트(Herrnhut)"** 공동체가 설립되었다. 이 공동체는 종교훈련을 위한 목적을 가지고 조직되었고, 회원들은 연령, 성별, 혼인 상태에 따라 그룹이나 속(classes)으로 나누어졌으며, 각 그룹의 회원들 자신이 직접 속장을 선출하였다. 이러한 속회 안에서 속도원들은 영적 성장의 촉진을 위하여 서로 돌보며 "죽은", "깨어 있는", "무지한", "적극적인 제자들", 또는 "성장을 한 제자들"로 자신들을 평가하였다. 이와 비슷한 용어들이 영적 제자훈련의 언어, 내적 노력보다는 활동적인 성장의 언어로 초기 감리회 속회 관련 문헌들에 나타난다.

헤른후트 회원의 초기 "분류방법(classification)"은 곧 이중 분할로 발전하였다. 성별, 연령, 혼인 여부 등에 따라 구분된 그룹들은 **합창단(choirs)**으로 불렸고, 그 공동체가 확대됨에 따라 주거 유형을 채택하였다. 이와 동시에 합창단 내에서 자신들의 영적 성장을 더 촉진하고 싶어 하는 사람들은 밴드(bands)라고 알려진 더 작은 그룹으로 구성되었다. 이것들은 초기 보헤미아 형제단의 특징이었고, 회원의 기준은 영적 친화성이었다. 이 밴드들은 원래 2-3명으로만 구성했는데, **밴드 관리자(band-keeper)**의 지도 아래 각 사람은 친첸도르프에게 개인적으로 책임적인 영적 보살핌을 받았으며, 그 수효가 급격히 증가했다. 1732년에는 77개의 밴드가 있었고, 1734년경에는 100개로 늘어났다. 밴드의 비공식적 조직형태는 합창단이 갖지 못한 유연성을 일정 부분 제공했고, 친첸도르프 자신도 공동체의 영적 삶을 위한 밴드의 중요성에 대해 전혀 의심하지 않았다. 밴드에서 만난다는 것은 단순히 자기반성을 실천하거나 영적 자각의 동반 성장을 이루기 위한 것이 아니라, 확실하고 효과적인 은혜의 수단인 그리스도의 임재를 경험하기 위한 것이었다.

초기 감리회의 경건

신도회와 밴드

웨슬리가 1735년 미국에 가는 도중에 그리고 조지아에서 머무는 동안, 모라비아 교회의 한 그룹과 만난 것은 두 가지 이유에서 중요했다. 무엇보다도 웨슬리는 모라비아 교회의 밴드 형태 소그룹 친교 조직을 경험함으로써 그 가치에 대해 확신하게 되었다는 것이다. 사바나(Savannah)에서 웨슬리가 밴드를 도입한 것은 은혜의 수단으로서 상호 계발(edification)에 대해서 그가 긍정적인 평가하였음을 보여준다. 웨슬리는 1738년 조지아에서 돌아온 후에 페터 레인(Fetter Lane)에 있는 존 허튼(John Hutton) 목사의 집에서 한 경건회를 조직하는 데 주된 역할을 하였다. 여기에서 밴드제도가 다른 모라비아 교회 훈련과정들과 함께 채택되었다. 페터 레인 경건회에는 5명에서 10명까지로 구성된 밴드들이 있었고, 이들은 매주 영적인 생각들과 갈등들에 대해 서로 속마음을 터놓고 공유하라는 지침을 받았다. 웨슬리는 1738년에 이러한 모임들을 위한 일련의 규칙들을 만들어서 그것을 신도회 회원의 중요한 일부분으로 간주하면서, 가장 초기 감리회 신도회를 위한 정치 형태의 필수 부분으로 유지하였다.

밴드를 위한 규칙들이 매우 철저해서 회원들이 "생각이나 말이나 행동으로" 저질렀던 잘못들과 그들이 지난 번 만남 이후에 느꼈던 유혹들에 대해 이야기할 때, 스스로의 영혼의 참모습에 대해 "자유롭고 솔직하게" 말하도록 했다. 더 나아가 밴드에 입회하기 전에 그들은 다음과 같은 많은 탐색 질문(probing questions)을 받았다:

당신은 죄 사함을 받았나요?
우리 주 예수 그리스도로 말미암아 하나님과 화평을 누리시나요?
하나님의 사랑이 당신의 마음속에 흘러넘치나요?
당신의 잘못에 대해 말하기를 원하시나요?
우리 모두가 때때로 당신에 대해 마음속에 떠오르는 것이 무엇이든
    지 당신에게 말해주기를 원하시나요?
우리가 이러한 일을 함에 있어서 가능한 한 가까이 다가가서, 당신의
    마음의 심연까지 살펴보기를 원하시나요?

그리고 매번 모일 때마다 다음과 같은 질문을 해야 했다:

지난 번 모임 이후로 무슨 죄를 지었나요?
어떤 유혹들을 받으셨나요?
어떻게 구원받았나요?
당신이 했던 어떤 생각이나 말이나 행동이 죄인지 아닌지를 의심해
　보았나요?

분명히 이것은 상호고백의 과정이었다. 그리고 이 초기 신도회
들의 회원들이 했던 것처럼, 자신들의 제자훈련을 진지하게
받아들인 사람들에게 그것은 영적 책임을 지고 돌보게 되는
중요한 지점이었다. 그러나 동시에 웨슬리는 은혜의 수단으로서
밴드들의 한계를 깨닫게 되었고, 그리하여 그것들은 감리회
운동의 기본 형식이 되지 못했다. 웨슬리와 그의 설교자들이
복음을 들고 현장으로 나아갔을 때, 그들에게는 신도회에 합류했
던 많은 사람들과 더불어 잘 어우러지지 않는 강함이 있었다.
그는 이렇게 매주 진행되는 상호고백의 형식에도 불구하고,
많은 회원들이 다시 옛 습관에 빠져들면서 감리회에 나쁜 인상을
주고 있다는 사실에 주목하기 시작했다. 우리는 1738년 여름에
웨슬리가 헤른후트를 방문한 후에 남긴 이야기를 읽으면서 일반
사회와 동떨어진 그곳 분위기에 대해 약간의 불편함을 느낄
수 있다. 웨슬리는 (썼지만 발송하지 않았던) 한 편지에서 헤른후

트 공동체가 친첸도르프의 영향을 너무 많이 받고 있기에 세상 속에서 성숙한 복음의 증인이 되기 위한 훈련에 실패하고 있는 것은 아닌지를 물었다.[14]

초기 감리회 운동에 필요했던 것은 세상 속에서의 제자훈련을 고도화(building up)시키기 위한 실제적인 형식이었다. 신도회에 참여한 대부분의 사람들은 하인, 농부, 기술자, 상인들로서 자신들의 직업을 계속 이어가야 했고, 그럼으로써 일상생활의 고단함 속에서도 복음의 증인으로서의 도전에 응해야 했다. 웨슬리가 이것을 인식하고 여기에 응답했다는 것은, 그의 천재적인 조직화 역량뿐만 아니라 은혜에 대한 깊은 신학적인 이해도를 보여주는 표시였다. 이것은 그의 교회에 대한 이해에서 볼 수 있었던 것처럼, 그의 실용주의에 대한 중요한 체크 포인트였다.

---

14) *Journal*, 2:496.

생각과 토론을 위하여

1. 초기 감리회의 발전에 대한 경건회의 가장 중요한 공헌이 무엇이라고 생각하나요?

2. 경건회가 실제적인 선한 사역에 참여하는 일에 있어서 무엇이 중요하다고 생각하나요?

3. 웨슬리가 초기 감리회를 조직할 때의 그 천재성이 경건 공동체에 대한 모라비아 교회 정신을 거부한 데 있다는 것에 동의하나요?

4. 밴드의 상호고백이 제자훈련에 도움이 되었다고 생각하나요? 그렇지 않다면, 그 이유는 무엇인가요?

제3장

웨슬리의 은혜 이해

그리스도인의 확신과
그리스도인의 제자훈련

　웨슬리와 모라비아 교회 사이에서 그들의 관계를 허물어뜨릴 정도로 상당히 심각했던 쟁점은, 믿음의 확신이 구원과 동의어인지, 아니면 죄인이 이러한 특별한 체험과 관계없이 용서를 받고 화해를 이룰 수 있는지의 여부였다. 웨슬리는 구원이 그러한 확신에 결코 제한되지 않는다고 결론지었다. 사람들이 하나님께로 끌릴 수 있는 어떤 은혜의 수단들이 있었고, 실제로 그들은 그것을 통해서 하나님을 찾을 수 있었다. 더구나 그리스도를 믿는 믿음을 통해 일단 하나님과의 새로운 관계가 형성되면,

그리스도인의 제자훈련을 지속시키고 성숙에 이르게 하는 데 이와 동일한 은혜의 수단들이 필요했다.

이것은 웨슬리의 사역이해와 초기 감리회 신도회의 구조에 대해 많은 것을 말해준다. 헤른후트의 잘 가꾸어진 은둔지에서, 믿음의 확신을 강조하는 것은 '훈련받는 공동체 생활'의 일부였다. 그것은 거주 합창단과 밴드의 친밀한 공유(intimate sharing)에 의해 촉진되었다. 사람들은 자신들의 삶에서 이런 일이 일어나기를 기대했고, 실제로 일어났다. 그러나 18세기라는 영국의 현실에서, 체험에만 의존하는 구원의 교리는 명백히 부적절했다. 이것은 밴드가 신도회 회원 전체에게 의미 있는 자양분을 제공하지 못함에 따라 분명해졌다. 밴드들은 일차적으로 교회의 삶과 가르침에 익숙한 사람들을 위해서, 그 다음에는 지금까지 믿고 실천했던 모든 것에 대한 확증으로서 주로 깊은 신앙체험을 경험한 사람들을 위해서 고안되었다. 그러나 감리회 신도가 된 많은 사람들에게 신도회에 참여한다는 것은, 새로운 믿음뿐만 아니라 삶의 새로운 방식을 의미했다. 이 새로운 방식은 믿음의 체험에서뿐만 아니라, **그것을 살아가는(living out)** 데서 오는 것이었다.

웨슬리가 이것을 어떻게 초기 감리회 신도회에 적용시켰는지 이해하기 위해, 우리는 그의 올더스게이트 거리(Aldersgate Street)에서의 체험을 새롭게 살펴봐야 한다. 확실히 이 체험은 그의 그리스도교 순례의 여정에서 지극히 중요한 단계였지만, 그것이 그의 생애에서 유일하게 깊은 신앙체험은 아니었고, 소수의 전기 작가들과 제자들 일부가 그 이후에 그 중요성을 언급했던 것이지, 웨슬리 자신이 그것을 대단하다고 여긴 것 같지는 않다. 실제로 조지아에서 올더스게이트 거리 체험에 이르는 데 결정적인 영향을 준 것으로 스스로가 간주했던 모라비아 교회 지도자 스팡엔베르크(Spangenberg)와의 대화에서조차, 우리는 그의 후기 리더십에 나타난 몇 가지 중요한 지침을 발견하게 된다.

"회심이 무엇이라고 생각하나요?" 웨슬리가 물었다.

스팡엔베르크는 "어둠에서 빛으로 옮겨가는 것이고, 사탄의 능력에서 하나님께로 가는 것"이라고 대답하였다.

"그것은 일반적으로 단번에 일어나나요, 아니면 단계적으로 일어나나요?"

"이렇게 어둠에서 빛으로 옮겨가는 모습(design)이 때때로 한 순간에 일어나기도 하지만… 그 진행 자체는 점진적으로 일어납니다."

"우리가 어떤 다른 외적 수단을 소홀히 하면서 우리 자신의 영혼이나 이웃의 영혼을 회심시켜 달라고 성령께 간구해야 하는 것인가요?"

"완전한 회심에 도움이 되는 많은 것들이 성경에 언급되어 있습니다. 그래서 성경을 읽고··· 그것을 들으며··· 금식하고··· 자기성찰하며··· 체험한 사람의 지도를 받고··· 뜨겁게 기도하는 것들이 필요합니다. 그러므로 어느 누구도 그것들을 사용할 능력이 있을 때, 그것들을 소홀하게 생각해서는 안 됩니다."15)

웨슬리가 설교하고 가르친 믿음의 확신은 하나님의 영에 대한 직접적인 증거였다. 그렇지만 하나님의 영을 직접 경험하는 일이 하나님의 율법과 은혜의 수단에 대한 영적 보살핌을 책임지는(accountability) 것을 배제하지는 않았다. 하나는 다른 하나로 이어지게 마련이었다. 문제는 믿음으로 의롭게 된다는 이신칭의 교리를 어떻게 해석할 것인가 하는 것이었다. 그리고 우리는 웨슬리가 설교자들과 함께 했던 초기 총회들에서 이 질문에 많은 시간을 할애했다는 것을 알 수 있다. 1745년 그 교리는 영적 보살핌의 책임이 이루어지는 제자훈련의 관점에서 정의되었다. 한편으로 그것은 경건회에 의해 초점이 맞춰졌던 예배와 성만찬, 그리고 세상에서의 실천적인 제자훈련을 강조하는 가시적 교회의 실제들 속에 기반을 두었다. 다른 한편, 그 교리는 구원이 완전히 은혜로 받는 것임을 선언하면서 모라비아 교회의 복음주의 신앙을 강조했다. 이 두 전통은 함께 새로운 관계, **즉 하나님의 은혜에 기꺼이 열려 있어야 하는 것이 유일한 전제조**

---

15) *Journal*, 1:372.

건이었던 관계의 직접성 안에서, 하나님의 주권성과 인간의
반응을 확신하게 되었다.

따라서, 하나님의 은혜는 인간이 체험하는 모든 영역에서
역사하는 것으로 인식되었다. 하나님의 은혜가 모든 인간에게
역사하는데, 누구보다도 죄인을 먼저 화해를 위해 사랑의 가족
안으로 초대하신다. 또한, 하나님의 "이끄심(drawings)"과 하나
님의 은혜를 본능적으로 거부하는 죄인 된 인간에 의해 성령을
"소멸케(stifling, 살전 5:19)" 하거나, "냉각시켜 버리는" 것 사이
에 긴장감이 발생하게 된다. 그러므로 인간의 의지가 하나님의
역사하시는 은혜에 복종하고, 죄인들이 의롭다고 인정받을 때까
지 자기의 모든 의로움의 "무의미함(emptying)," 절망, 영적
탐구, 칭의로 이어지는 과정이 있게 되는 것이다. 더구나 하나님
의 선행 은혜가 죄인에게 회개하지 않을 자유를 주면서도 회개에
초대하는 것처럼, 그렇게 하나님의 성화은혜도 똑같이 죄인에게
변화를 거부할 자유를 주시면서도 변화하도록 역사하신다. 그리
스도 안에서 하나님과의 새로운 관계는 언제나 하나의 선택이었
다. 만약 죄인이 그것을 받아들였다면, 죄인은 새로운 사람으로
변화되도록 세상에서 순종하는 제자훈련을 받아야 했다. 그러나
만약 그 선택이 불순종(disobedience)이라면, 새로운 관계는
깨지고, 심지어 영원히 파괴될 수도 있다.

그리스도인의 성숙과
그리스도인의 순종

그러므로 성숙한 그리스도인의 표식은 하나님께 일관되게 순종하는 것인데, 바로 이 순종을 통해서 칭의 신앙의 새로운 관계가 더 이상 제멋대로인 의지에 의해 방해받지 않고, 사랑의 사역에 확고하게 기반을 갖게 되는 것이다. 웨슬리의 '그리스도인의 완전'에 관한 교리에 따르면, 교인은 이 세상에 사는 동안 내적으로 새로워질 수 있는 제자훈련을 받게 되는데, 이때 순종이 너무 습관적이 되면 그 의지가 하나님의 은혜를 받기까지 참고 견뎌야 하는 그 성향을 잃어버리게 된다. 하나님의 은혜란 신실한 제자훈련을 통해 마침내 완전한 사랑의 영적 정점에 이르게 되는 것이고, 그러한 성숙은 교인의 삶 속의 다른 모든 영역에서와 마찬가지로 하나님의 풍성한 은혜의 선물인 것이다.

이러한 신학적 이해를 가지고 웨슬리는 그리스도교 제자훈련의 매 순간마다 하나님께서 직접 역사하는지(immediacy)를 분별했다. 웨슬리가 영국 땅을 복음으로 채우고자 했을 때, 그는 가는 길마다 은혜가 크게 쏟아지는 것을 보았다. 그는 감리회의 풍부한 신앙체험 속에서 출생해서 유년기를 거쳐 성년기에 이르는 것과 유사한 영적 성장 발전 단계를 발견했다. 웨슬리는 사람들이 항복의 임계점으로 끌려가서, 믿음을 통해 받은 칭의 은혜에 의해 그들의 삶이 변화되는 것을 보았다. 웨슬리는 이것이 성실한 순종으로 유지될 때, 성숙한 신앙의 발전으로 이끄는 성화은혜가 역사하는 것을 보았는데, 이것이 그가 "제2의 축복"으로 간주해 온 사랑의 완성이다. 그러나 이 제2의 축복을 당연한 것으로 여길 때, 가장 성숙한 사람조차 실족하게 된다. 순종은 단 한 순간도 방심할 수 없는 것이다.

그리스도인 제자훈련에 대한 아주 중요한 질문은, 어떻게 하면 하나님의 은혜가 지속적인 순종을 통하여 성숙을 촉진시켜 성화은혜가 방해받지 않는 사랑으로 작용하도록 할 수 있는가 하는 것이었다. 처음에는 믿을 수 없을 정도로 단순한 해결책으로 보였던 것을 채택하도록 웨슬리를 이끌었던 것은, 바로 이런 질문에 대한 그의 신학적 이해였다. 단순한 해결책으로 보였던 그것은, 제자훈련을 위해 영적으로 책임적인 상호 보살핌을 실천하고 싶어 하는 마음이 맞는 사람들끼리 매주 모이는 모임이었다. 이 "상황적 은혜의 수단(prudential means of grace)"은 단순했던 만큼이나 심오했다. 웨슬리가 초기 감리회 정치형태의 기초로서 속회를 채택할 때, 실용적인 것만을 고려한 것은 아니었다. 그는 수년간 신학적 탐구를 통해서 근거를 마련하고 있었다. 초기 감리회 제자훈련의 역동성은, 그 운동의 초반에 (하나님의 은혜로운 주도권에 저항하지 않게 하는 방법인) 칭의론이라는 확고한 신학적 원리 위에 정립되었다. 그리고 이것은 웨슬리와 감리회가 그리스도교 전통에 기여한 가장 중요한 공헌으로 남아 있다.

웨슬리의 감리회 운동 조직의 기초는 그리스도인 제자훈련이 선을 위한 노력이나 즉각적인 구원을 체험하는 것이 아니라, 그 무엇보다도 가장 먼저 하나님의 은혜에 대한 응답이라는 인식에 있었다. 그는 제2의 축복을 받은 사람들이 죄를 짓지 않는다고 볼 수 없는 것과 마찬가지로, 자신이 할 수 있는 최선을 다한 사람들이 하나님의 구원의 범위에서 벗어난다고 볼 수 없었다. 감리회 신도회에 대한 그의 정치형태는 성공회 경건회와 모라비아 교회 밴드 중에서 최고의 장점만을 추려내어 만들어진 것이고, 그 후에 더욱 발전되어 갔다. 사람들이 하나님의 은혜에 대해 저항을 하든 수용을 하든, 다양한 차원에서 반응이 있게 마련이지만, 어떤 방식으로 응답하든 관계없이, 웨슬리의 운동으로 인해 모든 사람들로 하여금 하나님의 은혜를 받을 수 있게 해주는 그리스도인 훈련들이 있다는 것이 확인된 것이다. 이것들은 교회에 의해서 제정되고, 실제로 입증된 은혜의 수단이었다. 1744년의 총회 회의록에 보면, 감리회 설교자들에게 "제도화(instituted)"되고, "상황적인" 그 모든 것들을 사용할 것과 "그것들을 모든 사람이 억지로라도 사용하길" 촉구했다. 제도화된 은혜의 수단들로는 기도(개인, 가족, 회중), 성경공부, 성만찬, 금식, 그리고 오늘날 우리가 신앙에 대한 진지한 대화를 나눌 수 있는 그리스도인 컨퍼런스(Christian conference)가 포함되었다. 상황적인 은혜의 수단으로는 그리스도인들이 제자훈련의 기본을 이루는 데 도움을 준 개인적인 규율과 친교의 방식들이 있었다.[16]

그리스도인의 친교와 그리스도인의 영적 보살핌에 대한 책임

웨슬리는 또한 복음을 알게 된 사람들이라면 특별한 신앙체험을 전제로 하지 않는 영적 양육의 형태나 믿음의 균형 잡힌 형태가 필요하다고 이해했다. 우선적으로 필요했던 것은, 일종의 상호 격려와 지도하는 형식으로 예수 그리스도를 순종하며 섬기겠다는 약속을 지키게 하는 것이었다. 이와 같이 감리회 신도회는 규칙들을 지키며 경건의 모양을 가지고, 경건의 능력을 추구하는 사람들의 모임으로 정의되었다. 교회가 여러 가지 방법으로 복음전도를 해도 감동을 받지 않는 사람들이 감리회의 전도를 통해서는 변화가 일어나는 것을 보면서, 신도회들은 죄로부터 구원받기를 소원하는 사람들을 아무런 조건 없이 받아들였다. 그러나 연합 신도회 총칙은 "이러한 (소원이) 정말로 진심이라면, 그것은 그 열매로 가려질 것이고," "(신도들이) 정말로 자신들의 구원을 위해 훈련받고 있는지 더 쉽게 분별하기 위해서, 각

---

16) "The Large Minutes," *Works*, 8:322-24.

신도회는 각자의 거주지에 따라 속회라고 불리는 더 작은 모임들로 조직한다."고 규정해 놓았다.[17]

다시 말하자면, 초기 감리회 신도들의 우선순위는 특별한 신앙체험을 추구하는 것이 아니라, 순종하는 제자훈련을 추구하는 것에 있었다. 속회에 대한 그들의 헌신은, 그들에게 하나님의 은혜 아래 자유와 책임감을 주는 구원에 대한 믿음을 표현하는 것으로 나타났다. 속회는 현실과 세상살이의 상식에 바탕을 두면서 제자훈련을 지탱하는 구조였고, 우리가 알고 있듯이, 그것이 감리회 운동의 핵심이었다.

_____

17) *Works*, 8:269-70.

생각과 토론을 위하여

1. 웨슬리는 하나님의 은혜를 이해하는 데 있어서 믿음의 확신과 순종하며 따르는 제자훈련 중에서 어느 것이 더 중요하다고 보는가요?

2. 그리스도인 성숙(그리스도인의 완전함)이 '하나님께 일관되게 순종하는 것의 발전'이라는 것에 동의하나요?

3. 웨슬리는 "은혜의 수단"을 초심자나, 심지어 탐구자는 물론이고, 훈련받은 그리스도인에게도 필수적이라고 여겼습니다 (85쪽). 이것이 오늘날 그리스도인 제자훈련에 의미하는 바는 무엇인가요?

4. **감리회 신도회 총칙**에 나와 있는, 신도들이란 "경건의 모습을 가지고, 그 능력을 추구하는" 사람들이라는 진술에 대해 토론하세요.

제4장
영적 보살핌을 책임지는
감리회 제자훈련

속회

속회의 유용성과 타당성을 인식하게 되자, 웨슬리는 즉시 그것을 감리회의 기본 구조로 채택했다. 앞에서 언급했던 것처럼, 이 아이디어는 브리스톨 신도회가 뉴 룸(New Room)의 건물 부채와 관련하여 진행된 논의에서 나왔다. 그 날은 1742년 2월 15일이었다. 웨슬리의 기록에 따르면, 우리에게는 단지 포이 (Foy) 선장으로만 알려진, 한 은퇴한 선원이 그 빚을 갚기 위해서 신도회의 모든 회원들이 매주 1페니를 헌금하자고 제안했다. 한 주에 1페니를 내는 것이 많은 회원들에게는 감당하기 힘든 일이라는 지적이 나오자, 그는 개인적으로 매주 10~12명의 회원들로부터 모금하는 책임을 지되, 그 부족한 부분은 자신이 보충하겠노라고 대답했다. 다른 사람들도 똑같이 할 것을 제안했고,

그래서 그 신도회 회원들을 한 속에 약 12명씩으로 해서 "작은 모임들 혹은 속회"로 나누고, "한 사람을 지도자로 세워서 매주 헌금을 모으기로 하자"는 데 동의가 이루어졌다.18)

재정적 방편으로 시작된 것이 곧 목회적 보살핌의 기회가 되었다. 웨슬리가 후에 이야기했던 것처럼, 속회는 신도회 회원들 사이에서 제자훈련을 강화시키는 데 필요로 했던, 매우 적합한 조직이었음이 입증되었다. 얼마 지나지 않아 속장이 각 속도원을 심방하기보다는, 속도원들이 그룹으로 만났을 때 매주 헌금을 모을 뿐만 아니라, 조언과 책망 그리고 격려를 해주는 것이 더 편리하다고 생각하게 되었다. 속도원들이 서로에게 정직하고, 제자훈련을 통해 서로를 돕기 시작하면서 그리스도인 친교의 역동성이 빠르게 일어나게 되었다.

속회의 도입으로 밴드가 없어지지는 않았다는 것을 기억하는 것이 중요하다. 이 밴드는 상호 고백에 대한 더 집중적이고 탐색적인 과정을 필요로 하는 사람들을 위해 속회와 함께 나란히 지속되었다. 그러나 연령과 성별 그리고 결혼 여부에 따라 사람들을 나누었던 모라비아 교회의 형태를 밴드에 그대로 살리고 유지하는 한편, 속회는 실용적으로 속장과 속도원의 거주지에 따라 나뉘게 되었다. 남녀노소와 기혼과 독신자들 모두가 자신이

---

18) *Works*, 8:269. See also "A Plain Account of the People Called Methodists," *Works*, 8:253.

사는 곳에서 가장 가까운 속회에 속하도록 했다.

속장

속장은 웨슬리로부터 감리회 전체 회원에 이르기까지 권위와 의사소통 라인에서 핵심적인 요소였으며, 총칙에서 규정한 바대로 매우 구체적인 임무들을 부여받았다. 웨슬리와 그의 조력자들이 속장의 임명이나 해임에 대한 권한을 가지고 있었는데, 웨슬리는 리더십의 역학관계에 민감했다. 그는 속장들의 권위가 속회에서 받는 존경심에 따라 크게 좌우될 것임을 알고 있었다. 그이유는, 특히 속장들이 제자훈련을 위해 영적 보살핌을 책임지도록 훈련을 받았던 사람들이기 때문이다. 속장들은 웨슬리가 소속 신도회의 교역자(minister)로 임명한 설교자를 매주 만나서 속도원들에 대해 보고하고, 그로부터 조언과 지시를 받았다. 속장들의 선출은 신도회에서 그들의 잠재력을 인정하는 과정을 거쳐 자연스럽게 이루어지는 경향이 있었다. 속장에서 설교자로 나아가게 되는 일이 흔하게 일어났다. 마찬가지로, 웨슬리와 그의 조력자들은 속장이 될 만한 사람들을 재빨리 분별해 내었고, 그들이 교회가 이전에 배출한 것처럼 숙련된 영적 멘토 집단이 되었다는 데에는 거의 의심의 여지가 없다.

웨슬리가 속장들에게서 원했던 것은, 속회에서의 친교가 속도원들의 제자훈련을 강화하는 수단이 될 수 있도록 규율과 영적 분별력을 균형 있게 갖추는 것이었다. 예컨대 속장들의 가장 중요한 임무들 중의 하나는, 만약 총칙을 무시하는 사람들이 있다면 교역자에게 보고하는 것이었다. 이런 엄격한 감독을 고집하는 데에는 그만큼 타당한 이유가 있었다. 친밀한 친교를 강조한 나머지 속도원들 개개인의 헌신이나 훈련이 느슨해지는 것은 그 조직을 붕괴시키기 때문이었다. 감리회 신도들이 "사랑으로 서로를 보살펴야" 한다면, 이러한 상호 역할을 제공하지 못하는 속도원은 누구든지 장애가 될 것이 확실했다.

웨슬리는 신도회 회원들에게 신분상의 중요한 상징으로 비교적 간단한 절차인 **속회 입회증서(class tickets)**를 제공하는 제도를 도입함으로써 엄격한 조직 규율을 더욱 강화시켰다. 그는 처음에 브리스톨과 킹스우드에서 "무질서하게 행동하는 사람들"에 대한 징계 조치로 이러한 제도를 채택했는데, 그들 중 40여 명이 1741년 2월에 퇴출되었다. 다음 해 4월에는 런던에서 유사한 징계가 내려졌고, 그 후 그는 자신이나 그의 설교자 중 한 명이 분기별로 실시하는 속회 시험에서 통과한 사람들을 대상으로 모든 신도회에 입회증서를 발행하도록 했다. 이에 따라 신도회 규칙을 잘 지키고 있던 사람들에게는 가시적인 격려의 수단이 제공되었고, 동시에 "무질서"에 빠진 사람들에게는 새 증서를 보류함으로써 퇴출시킬 수 있는 기회가 되었다.

이 분기별 시험은 속장 자신을 감독하는 또 다른 수단이 되었다. 앞서 언급한 것처럼 속장들은 교역자로 임명된 설교자와 매주 만나 속회 헌금을 전달하고, 속도원들의 신앙 발전 상태를 보고해야 했다. 그러나 웨슬리가 서신의 여러 곳에서 분명히 밝히고 있듯이, 설교자가 매 분기마다 치르는 속도원 시험은 속장이 (여자든, 남자든) 자신의 임무를 얼마나 잘 수행하고 있는지도 평가할 수 있는 중요한 확인 역할을 하였다. 그의 일지와 일기에는 "심방(visitations)"이라는 단어가 무수하게 많이 언급되어 있다. 설교자들은 속회에 참석하지 않은 것으로 밝혀진 사람들의 각 가정을 심방하는 데 이르기까지 자신들의 임무를 철저하고 성실하게 수행하도록 끊임없이 지시를 받았다.

속장들은 또한 신도회에 가입하기를 원하는 사람들을 만나는 최초의 접촉점이었다. 속장의 추천에 따라 신도회 모임에 참석할 수 있는 허입증서가 발행되고, 3개월이 지나면 속장은 정회원 자격에 대해 다시 상의하게 된다. 속회 모임 참석은 속도원 자격을 부여받는 계기가 되는 것과 동시에 조건이기도 했다. 웨슬리는 속회를 감리회의 "힘줄"로 보았다. 그래서 새로운 신도회가 설립되면, 가장 먼저 해야 할 일이 첫 번째 속회를 조직하는 것이었다. 매주 집회에 참석하는 것은 언제나 분기별 증서를 갱신하기 위한 조건이었고, 설교자들은 불규칙적으로 참석하는 사람들에게 증서발행을 보류하라는 분명한 지시를 받았다. 총칙에 명시적으로 적혀 있지는 않지만, 3회 연속해서 속회에 불참하면 자동적으로 제명된 것으로 간주되었으며, 속장은 출석 기록을 보관하고, 결석에 대한 후속 조치를 취해야 했다.

총칙

자비의 행위와 경건의 행위

이는 신도회 회원이 일주일에 한 번 자신의 제자훈련에 대해 반드시 이야기해야 한다는 사실을 의미했고, 이러한 영적 보살핌을 책임지는 것을 실천하는 제자훈련에는 두 가지 평가기준이 있었다. 첫 번째는 1743년의 총칙으로, 웨슬리는 항상 이것이야말로 감리회의 훈련 체계라고 주장했다. 이 총칙을 지키게 함으로써 초기 감리회 신도들의 영적 성장이 이루어졌다. 이것이 없었더라면 필연적으로 영적 성장은 방해를 받았을 것이다. 구원에 대한 소원 외에는 감리회 교인의 자격을 얻기 위한 전제 조건이 없었기 때문에, 신도회들은 영적 상태에 관계없이 누구에게나 열려 있었다. 그러나 교인 자격을 계속 유지하기 위해서는, 겉으로 드러나고 눈에 보이는 선한 행위를 실천함에 있어서 구원을 바라는 그들의 갈망에 대한 증거가 있어야만 했다. 이것은 곧 즉각적인 믿음의 표현이었고, 감리회 안에 계속해서 머물기 위한 조건이었다.

따라서 회원들은 악을 피하고, 해를 끼치지 않으며, 가능한 한 많은 사람들을 위해 할 수 있는 모든 선을 행하라는 규칙을 지켜야 했다. 웨슬리는 이런 것들을 "자비의 행위"라고 묘사했는데, 왜냐하면 그것들이 당연히 믿음에서 비롯되었기 때문이다. 그리고 총칙은 이와 관련하여 매우 상세한 지시 목록을 제시한다. 이 목록이 매우 상세하기 때문에, 감리회 제자훈련에 대한 것뿐만 아니라, 18세기 생활상에 대한 흥미로운 내용을 제공한다. 그러나 그리스도인으로 존재한다는 것은 있는 그대로의 세상 속에서 삶을 살아가는 문제라는 점이 매우 중요하다. 초기 감리회 신도들에게 있어서 제자훈련은 자신들의 신앙에 따라 **살아가는 것**(living out)에 기반을 두고 있었다. 이 총칙에는 우리를 미소 짓게 할 수 있는 항목들이 있지만, 오늘날에도 쉽게 적용될 수 없는 것은 거의 없다. 이를테면 "자비심이 없거나 무익한 말로 이루어지는 대화, 특히 치안판사들이나 성직자들에 대해 악담하기"와 같은 것들이다. 우리는 무엇보다도 감리회 신도들이 자신들과 함께 살아가는 사람들에게 선한 일을 행함에 있어서, 배고픈 사람들에게 음식을 주고, 벌거벗은 사람들에게 옷을 주며, 아프거나 감옥에 있는 사람들을 방문하거나 도와주는 것과 같은 육신의 필요를 우선적으로 돌봐야 한다는 규정에 주목해야 한다. 그런 후에야 그들은 사람들의 영혼을 도우라는 지시를 받았다.

이 총칙은 또한 신도회의 회원들이 "하나님의 모든 규례를 지켜야 할 것"을 명시했다. 이를테면 공중예배, 성경말씀을 읽거나 해석하기, 주의 만찬, 개인기도, 성경공부, 금식 또는 절제와 같은 것들을 준수하도록 했다. 웨슬리는 이러한 제도적인 은총의 수단들을 "경건의 행위"로 간주했는데, 이러한 교회의 훈련과 실천 없이는 그리스도교의 제자훈련을 추구하는 어떤 시도도 실패하게 되어 있다는 것이다. 이것은 그가 그리스도의 이름으로 세상을 섬기는 것이 성령의 능력이 없이는 효과가 없다고 인식했을 뿐만 아니라, 감리회의 "내적 훈련"이 영국 국교회의 그것과 불가분의 관계에 있다고 생각했음을 보여준다. 그는 교리와 직제에 대한 광범위한 문제들이 이미 확립되어 있다는 전제하에 소그룹 친교의 정치형태를 발전시켰다. 신도회에 가입한 비국교도 교인들은 영국 국교회의 교구민에 못지않게 그들이 지켜야 할 회중의 의무를 다해야 했다.

영적 성장

성숙한 순종

분기별 속회증서 갱신의 두 번째 평가기준은, 속도원들과 속장들에게 그들의 영적 성장에 대해 질문하는 것이었다. 물론 이것은 밴드에서 진행되었던 것과 같은 종류의 강도 높은 질문이 아니었다. 그렇게 하기에는 속회에 변수가 너무 많았다. 그러나 영적 성장은 순종하는 제자훈련의 표시이자 결과로 인정되었고, 속장들은 속도원이 여전히 믿음을 찾고 있는지 ["깨어 있음 (awakened)"], 그리스도 안에서 신생을 경험했는지 ["의롭게 됨(justified)"], 아니면 신앙 안에서 성숙하게 되었는지 ["완전에 이르는 과정에 있음(gone on to perfection)"] 여부에 대해 기록으로 남길 것을 요청받았다. 속회 모임의 형식이 실용적이었을 뿐만 아니라, 은혜의 신비에 대한 민감성도 있었던 것이다.[19]

이것은 속회가 단지 형식적인 모임이 되는 것을 막으려는 웨슬리의 우려에서 더욱 확실하게 드러났다. 본질적으로 속회들은 하나의 고정된 의제를 가지고 있었는데, 그것이 모임들을 위한 체계와 위험을 동시에 제공하였다. 속회의 진행은 속장과 각 속도원 사이에서 거의 전적으로 교리문답식으로 이루어졌다는 것이 당시 보고서에 잘 드러나 있다. 속회의 주된 목적이

---

19) *Journal*, 3:449-50, 495.

각 사람들로 하여금 자신의 제자훈련에 대해 다른 사람들에게 이야기하는 것임을 확실히 알도록 하는 데 도움이 되는 방법이어야 하기 때문에 그 과정이 묻고 답하는 형식이었던 것이다. 이때 속장은 다른 속도원들이 가장 유익하게 받아들일 수 있는 부분에 대해 느낀 요점을 명확하게 말하였다. 속회 모임은 기도와 찬송으로 시작되었는데, 속장은 자신부터 시작해서 지난 한 주 동안 각 속도원들이 신도회 규칙을 얼마나 잘 지켰는지, 그리고 각자 영혼의 상태는 어떠했는지를 물었다. 속장은 그 답변에 따라 적절하게 칭찬이나 질책 또는 조언을 하였다.

위험한 점은 묻고 답하는 형식이 단조로워서 속도원들끼리 서로에 대해 더 잘 알게 되면서 더욱 깊어지게 되는 친교의 역동성을 해칠 수 있다는 것이었다. 웨슬리는 이러한 잠재적인 장애물을 알고 있었기 때문에 속장들에게 질문의 패턴을 다양화할 뿐만 아니라, 하나님께서 속도원들의 삶에서 어떻게 역사하고 계시는지를 분별하는 수단으로서, 속도원들의 개별적인 영적 성장을 추구하라고 조언했다. 일단 제자훈련의 기본 지침들이 이루어지고 나면, 그룹의 목적은 서로의 순례의 현실을 공유하고 그럼으로써 영적 성숙함으로 나아가는 데 있었다.

말할 필요도 없이, 영적 성숙함은 훨씬 더 비공식적인 교류가 많았던 밴드 모임의 의제였다. 밴드 모임은, 웨슬리가 "더 긴밀한 결합을 위한 어떤 수단"을 원하고 필요로 하는 사람들로 회원

자격을 제한했기 때문에, 더 큰 친밀감을 경험케 했다. 바로 이 밴드 속에서 회원들은 속회보다 더욱 엄격한 훈련 지도를 받으며 완전을 향한 영적 추구의 길로 양육되고 인도되었다. 설교자들은 매주 그들을 만나도록 지시받았고, 특히 총칙을 적용할 때 철저하게 확인하라는 지시를 받았다. 회원들은 특별히 도안된 속회가입 증서를 받았는데, 이것은 3개월의 시험기간이 지나야만 수여되는 것으로, 그리스도교의 성숙함을 향한 추구에 헌신한 사람들임을 나타내는 표식이었다.

어쨌든 속회는 감리회 조직구조의 기본 단위였으며, 전체 교인들의 영적 양육을 위한 가장 효과적인 수단이었다. 모든 감리회 신도들은, 그들이 밴드에 속하든 그렇지 않든, 자신들의 제자훈련에 대해 이야기하기 위해 일주일에 한 번씩 속회에 참석해야만 했다. 이것은 모든 교인들에게 적용되는 기본요건이었고, 은혜의 확증이었다. "완전에 이르는 길"은 그리스도교 제자훈련의 기본원리들에 대한 영적 보살핌을 책임지는 것에서 시작되었고 계속되는 것인데, 그것이 없이는 그리스도인의 삶에서 진정한 발전이 이루어질 수 없다. 이제는 그것이 오늘날의 교회에도 계속해서 제자훈련을 위한 패러다임을 제공하고 있는지의 여부를 물어야 할 때가 되었다.

생각과 토론을 위하여

1. 초기 감리회 속장의 역할이 오늘날 교회에서 유용하다고 입증될 수 있다고 생각하나요? 그렇다면 어떤 면에서인가요?

2. 속회가입 증서는 활동하지 않는 속도원들을 명단에서 조용히 제거하는 수단이었는데, 이것이 오늘날 회중에게도 실행 가능할까요? 그렇지 않다면, 그 이유는 무엇인가요?

3. 매주 속회 모임은 초기 감리회 신도들을 위한 영적 보살핌을 책임지는 장소였습니다. 그런데 그것이 왜 더 이상 교인의 자격 요건이 아니게 되었을까요?

4. 초기 감리회 신도회에서 밴드와 속회 중에서 어느 것이 더 중요한 것으로 보이나요? 왜 그런 것인가요?

제5장
오늘날을 위한 속회

헌신으로의 부름

우리가 이 연구를 시작한 것은, 오늘날 그리스도인들이 자신들의 신앙을 더욱 의미 있게 만드는 방법을 찾고 있다는 관찰로부터였다. 그러나 미국 교회에 만연되어 있는 더 깊은 영적 헌신을 위한 탐구가 더 순종하는 제자훈련을 만들어내는 것으로 보이지는 않는다. 신자들에게는 거의 아무것도 요구하지 않으면서 교회가 결코 제공할 수 없는 인적, 물적 자원을 엄청나게 소모하며 온갖 개인적 혜택을 제공하는 대중 종교가 있지만, 많은 사람들은 그런 미지근한 종교는 선택하려고 하지 않는다. 동시에, 사람들은 불가능한 것을 요구하는 것으로 보이는 근본적인(radical) 복음증거를 불편해하면서, 그것이 어느 정도로 은혜의 복음전도가 되는지에 대해 심각한 의문을 제기한다.

우리는 또한 이러한 갈등들이 결코 새로운 것이 아니라는 사실을 잘 알고 있다. 그리스도인들은 시대마다 도전적인 복음증거에 마주해 왔으며, 결코 쉽게 답을 내릴 수 없었다. 사실 문제는 이 세상에서 신실한 복음증거를 유지하기란 언제나 쉽지 않다는 것이고, 그 이유는 아주 단순한데, 이 세상이 아직 하나님의 나라가 아니라는 사실이다. 죄가 여전히 만연해 있으며, 죄로 가득한 세상은 도래하는 예수 그리스도의 새 시대를 언제나 거부하려고 한다. 이런 점에서 오늘날도 다른 시대와 별반 다르지 않다.

그러므로 감리회 유산을 살펴보려는 우리의 목적은 신앙 선조들이 지금과는 다른 당시에 어떻게 이 도전에 대처했는지를 묻는 것이었다. 그들이 마주했던 문제들의 일부는 우리 시대와 놀라울 정도로 유사하다. 초기 산업혁명으로 사람들이 농촌에서 쫓겨나 도시로 몰려들기 시작하면서 엄청난 사회 변동이 일어났다. 이것은 경제적 불확실성과 극심한 빈곤 지역을 양산했다. 이 모든 것이 당연히 범죄를 급증시켰다. 이 문제를 해결하는 방법이 형법이었는데, 오늘날 우리가 가혹하다고 여기는 조항들이지만, 왜 이것들이 필요한지는 너무 잘 알고 있다.

그러나 사회적 요인들이 초기 감리회 신도들과 우리 시대가 동일하다고 느끼게 하는 유일하거나 주된 이유는 아니다. 우리를 당시의 그들과 연결시켜 주는 것은, 복음에 대한 이해를 나누지 않는 오늘날의 이웃들보다 믿음 안에서 당시의 그들과 더 가까워지게 만드는 '성령의 하나 되게 하시는 능력'이다. 18세기를 우리 시대와 상호 연관 짓는 것은 궁극적으로 불가능하기 때문에, 우리가 그들의 제자훈련에 대해 연구하면서 질문해 보아야 할 것은, 그들이 어떻게 그리스도인으로서의 삶을 살아갈 수 있는 힘을 찾았는가 하는 점이다. 우리는 그들이 어떻게 버텨왔는지, 그리고 그들이 당대의 도전들에 대처한 힘의 원천이 오늘의 세상을 살고 있는 우리의 복음증거에 도움이 될 수 있는지를 반드시 질문해야 한다.

속회에서의 영적 보살핌에 대한 책임

우리가 속회를 초기 감리회 운동을 결집시킨 힘줄이라고 본다면, 다섯 가지 측면이 신도회 회원들에게 특히 중요한 것으로 나타난다.

1. 속회는 그리스도인의 제자훈련을 위해 영적 보살핌을 책임지는 장소였다.

초기 속회의 역동성을 이해하는 열쇠는 영적 보살핌에 대한 책임(accountability)이라는 단어이다. 앞서 언급한 바와 같이 속도원들은 서로서로 솔직했고, 그들의 영적 순례를 아낌없이 공유할 수 있게 된 친밀감을 발전시켰다. 그런데 속회가 본질적으로 강도 높은 집단체험 모임이었다거나, 심지어 주로 영적 성장을 위한 수단이라고 가정하는 것은 잘못된 이해이다. 이것들은 매주 모임의 최우선 순위인 "사랑으로 서로 보살피라"는 실천에 뒤따르는 보상들이었다. 은혜의 수단과 순종하는 제자훈련을 위해 그들이 훈련받은 영적 상호 보살핌을 책임지는 것을 배제한 채, 그들이 나눈 사랑만을 강조한다면, 우리는 속회의 목적과 기능을 심각하게 오해하는 것이다.

1743년의 총칙은 이러한 점을 잘 반영했다. 감리회 신도들은 "형식을 갖추어 경건의 능력을 추구하며, 함께 기도하기 위해 연합하고, 권면의 말씀을 받아들이며, 사랑으로 서로를 보살피면서 자신들의 구원을 이루기 위해 서로 돕는" 사람들이었다.

2. 속회는 은혜의 수단을 위해 영적 보살핌을 책임지는 장소였다.

존 웨슬리는 헌신적인 제자훈련을 위해 은혜의 수단이 얼마나 중요한지를 알고 있었기 때문에 이것을 초기 감리회 신도들을 위해 총칙에 열거하였다: 매일기도, 매일 성경 읽기, 정기적인 예배, 잦은 성찬식, 절제 및 금식, 그리스도인의 대화, 그리고 그리스도인의 친교 모임에서 "사랑으로 서로를 보살피는 것" 등이었다. 이 모든 것 중에서 웨슬리는 마지막 것을 아마도 가장 중요한 것으로 간주했다. 실제로 그는 고독한 그리스도교 (solitary Christianity)를 용어상의 모순으로 여기고, 이러한 "상황적 은혜의 수단"을 사용하지 않으면 제자훈련에 심각한 위험을 초래할 수 있다고 신도회 회원들에게 끊임없이 경고했다. 매주 속회에 정기적으로 참석하는 것은 절대적인 요구 사항이었다.

3. 속회는 세상에서 살아가기 위해 영적 보살핌을 책임지는 장소였다.

웨슬리 시대에 수많은 소그룹 운동이 있었고, 복음주의 부흥운동이 여러 가지 면에서 웨슬리의 소그룹운동보다 더 성공적이었던 것으로 보인다. 그러나 초기 신도회의 근본원리가 **세상 속에서** 적극적인 복음증거였기 때문에 감리회가 지배적이었다. 감리회 신도들은 "하나님을 찾기 위해" 주말에 쾌적한 환경을 찾지 않았다. 그들은 하나님께서 자신들이 어느 곳에 있든지 바로 그곳에서 자신들을 찾으신다는 것을 알고 있었다. 감리회의 속회는 속도원들이 살고 일하는 곳 외에 딱히 만날 수 있는 다른 장소가 없었다. 그리고 그들은 기도하고 찬송을 부를 때, 하나님께서 성령의 능력으로 임재하시고 축복해 주시기 위하여 그곳에 계시다는 것을 알았기 때문에 매주 모였다.

더욱이 그들은 "일상적인 일과"를 다시 시작할 때, 하나님이 그들보다 앞서 계시리라는 것을 알았다. 속회는 초기 감리회 신도들이 세상으로부터 도피하지 않으면서 자신들의 주변을 새로운 시각으로 바라볼 수 있도록 도와주었다. 하나님의 은혜로 그들은 볼 수 있는 눈을 갖게 되었다. 그래서 그들은 은혜가 필요했고, 은혜를 갈망했다. 왜냐하면 감리회 신도가 된다는 것은 조롱, 경멸, 박해, 그리고 잦은 인격모독의 대상이 된다는 것을 의미했기 때문이다. 18세기 영국에서 급속도로 확산된 도시 밀집지역이나, 유대감이 강한 공동체 생활로 이루어지는 농촌에서, 감리회의 증인으로 살기 위해서는 언제나 감시를 받아야 했다. 찰스 웨슬리가 그들을 위해 썼던 찬송가의 가사가 그들이 어떤 상황에서 살았는지를 생각해볼 때, 새로운 의미로 다가온다:

오 주여, 당신의 이름으로 나아가오니
날마다 나의 일을 하면서,
내가 생각하고, 말하고, 행하는 모든 것 속에서
당신을, 오직 당신만 알기를 다짐합니다.[20]

---

20) *Methodist Hymnal*, #438.

4. 속회는 교회에 대해 그리고 교회를 위해 영적 보살핌을 책임지는 장소였다.

웨슬리가 감리회 신도회는 영국국교회 안에 남아 있어야 한다고 주장했기 때문에, 속회는 교회의(churchly) 영적 보살핌을 책임지는 것과 관련하여 이중의 장소가 되었다. 먼저 속회는 속도원들로 하여금 교회 규례에 대해 책임지고 지키도록 했다. 그들은 제도화된 은혜의 수단, 은혜 받게 하는 교회 예식들을 사용하는 데 전념했고, 앞서 언급했듯이 연합신도회 총칙에 포함시켰다.

그러나 동시에 속회는 교회를 위해 영적 보살핌을 책임지는 장소였다. 감리회 신도들은 실제로 교회가 신실한 그리스도인들에게 지시한 일을 하고 있었지만, 대부분의 교구민들과 많은 성직자들이 수년 동안 해야 할 일을 하지 못했다. 웨슬리가 감리회 운동의 가장 중요한 개혁적인 영향 중 하나로 간주한 것은, 교회가 자체적인 규례를 통하여 성경적 그리스도교의 원리, 개인의 성결, 사회적 책임에로 나아가라고 요청한 것이다.

5. 속회는 성령 임재를 책임지는 장소였다.

교회에 대해 그리고 교회를 위해 영적 보살핌을 책임지는 것은, 결국 감리회 신도회와 속회들이 영국 전역에서 메시지와 복음을 들을 때에 성령의 이끄심에 자유로이 응답하도록 남겨두는 것이었다. 감리회는 "에클레시아(*ecclesia*)"라는 교회의 구조를 인정하면서도 "에클레시올라(*ecclesiola*)"라는 작은 교회들의 집합체로서의 역할을 수행했다. 따라서 그들은 교회의 책임에 얽매이지 않고, 세상에서 적극적인 제자훈련을 추진할 수 있었다.

웨슬리가 끊임없이 증진을 위해 노력했던 영국국교회와의 이러한 구조적 관계가 없었다면, 신도회들은 정말로 그들에게 퍼부어진 "열광주의"라는 비난으로 위기를 맞이했을지도 모른다. 그리고 웨슬리는 그런 비난에 저항하기 위해 애를 써야만 했을 것이다. 그 대신에 감리회 운동의 천재는 사람들이 어떤 종류의 종교 체험을 했든지, 혹은 체험을 했는지조차 전혀 문제 삼지 않았다. 중요한 것은, 세상에서 순종하는 제자훈련을 받겠다는, 같은 목적을 가진 다른 사람들과 기꺼이 함께 하려는 의지였다. 그 다음에 은혜를 통한 성장과 신생, 그리고 "제2의 축복"의 은사가 나타나는 것이었다. 그러나 살아 있는 신앙을 발전시키고 유지하기 위해서 그들은 먼저 하나님의 영에 순종하는 법을 발전시켜야만 한다는 것을 알고 있었다. 그들의 일상생활 지침들 중 상당수가 특별한 체험보다는 훈련에 전념할 것을 요구했다.

속회는 이러한 다섯 가지 방식들로 초기 감리회 신도들이 자신들의 신앙을 위해 영적 보살핌을 책임지는 훈련을 도와주었다. 이제는 이것이 오늘날 우리 시대의 제자훈련에 도움이 될 수 있을지에 대해 질문해야 한다.

오늘날 교회에서의 영적 보살핌에 대한 책임

18세기 영국을 20세기 북미로 옮길 수는 없다. 그 문제에 대해서 20세기의 영국으로 옮길 수도 없다! 그러나 초기 감리회와 현대 감리회의 차이를 고려하면서 다른 시대의 토양에서도 새싹이 자랄 수 있게 한다면 속회의 본질(essence)을 우리 시대에 이식하는 것이 가능할지도 모르겠다. 웨슬리 형제로부터 시작된 그 운동은 이제 하나의 교회로서 200년이 되었다. 우리가 살펴보게 되는 것처럼, 여기에는 우리가 초기 속회를 어떻게 제자훈련을 위한 패러다임으로 봐야 하는지에 대한 깊은 의미가 담겨져 있다. 그리고 이것을 고찰하는 가장 좋은 방법은 앞서의 동일한 영적 보살핌을 책임지는 다섯 가지 사항들과 오늘날 교회와의 관련성을 검토하는 것이다.

1. 그리스도인 제자훈련을 위한 영적 보살핌의 책임

속회의 모든 "상식"적인 가치들 중에서 영적 보살핌을 책임지는 것이 가장 중요하다. 우리는 우리 주변에 자신들의 일정표대로 정확하게 살아가는 사람들, 가정을 깔끔하게 유지하는 사람들, 모든 일을 쉽게 풀어가는 사람들, 그리고 언제나 정의감에 격분해 있으면서 바른 말을 하는 사람들이 있다는 것을 알고 있다. 그런 사람들에게는 무언가 비현실적인 아우라가 느껴진다. 그들은 우리와 전혀 다른 부류의 초인간들로 보인다. 왜냐하면 우리들 중 대부분에게 있어서 개인적으로 훈련받을 수 있는 유일한 방법은, 같은 목적을 가진 다른 사람들과 함께 하면서 그 일에 대해 서로가 책임지면 되는 것이기 때문이다. 여기에는 성공의 비법이 따로 없다. 이것은 단지 실제적인 상식일 뿐이다.

주위를 둘러보면 오늘날 이러한 접근방법이 폭넓게 사용되고 있음을 알 수 있다. 우리가 서론에서 몇 가지 사례를 언급했지만, 즉각 떠올릴 수 있는 다른 것들도 있다. 누군가와 함께 운동하기를 원하는 사람들은 테니스를 칠 것이다. 어떤 주제에 대한 이해를 심화시키고자 하는 사람들은 그 문제와 관련하여 누군가와 함께 토론할 것이다. 집을 개조하거나 차를 수리하고 싶은 사람들은 이웃들에게 도움을 요청할 것이다. 그 누가 혼자서 야구 경기나 콘서트에 가고 싶겠는가? 그러나 상호 영적 보살핌을 책임짐에 관한 두 가지의 확실한 사례를 집단치료 단주회(Alcoholics Anonymous)와 체중 감시자(Weight Watchers) 프로그램에서 볼 수 있다. 이 단체들은 같은 문제를 가지고, 그것을 인정하며,

그것을 서로가 극복할 수 있도록 도와주기로 동의한 사람들로 구성되어 있다. 알코올 중독자와 강박적인 식생활자는 평생 그런 식으로 살아갈 수 있기 때문에 자신들이 그 문제를 극복했다고는 결코 말하지 못할 것이다. 그러나 그들은 자신들의 문제에 대한 저항을 지속할 수 있는 어느 한 지점에 도달할 수는 있다. 그래서 한 번에 하루씩 살아감으로써 승리를 맛보게 되면, 그 연장선에서 매순간 순간 승리에 이를 수 있게 된다.

이것은 자신을 그리스도인이라고 부르는 우리 같은 사람들에게도 마찬가지이다. 우리의 문제는 무엇인가? 그것은 우리가 죄인이라는 것이다. 그리고 우리 같은 죄인들은 그리스도 예수를 통해서 성취될 구원이 새 시대에 이루어질 때까지 여전히 죄인으로 남아 있을 것이다. 그러나 우리는 **용서받고 화해한** 죄인들이고, 하나님께서는 우리를 그저 있는 그대로 받아주셨다. 그래서 우리가 일단 용서받고 화해하면, 우리의 제자훈련에 순종할 정도로 은혜를 입고 성장하게 된다. 은혜에 순종하는 최선의 방법을 선택해야 할 때, 그것을 선택할지의 여부는 항상 우리의 몫이다. 초기 감리회 신도들은 그렇게 하는 방법을 발견했고, 그들의 방법은 200년 전과 마찬가지로 오늘날에도 효력이 있다. 그리고 우리가 여전히 **감리회 신도**라고 불리고 있는 상황에서 그렇게 되지 않을 이유는 없다.

2. 은혜의 수단을 위한 영적 보살핌의 책임

자신의 신앙체험이 특별나다고 가정하는 것은 많은 그리스도인들이 범하는 흔한 실수이다. 이렇게 하는 것은 다른 그리스도인들에게 베풀어진 은혜와 상관없이 하나님의 특별한 대우를 기대하면서 작은 "은혜의 복주머니(pockets of grace)"가 되고 싶은 유혹에 희생되는 것이다. 물론 어떤 의미에서는 이것이 사실이기는 하다. 하나님은 우리 각자를 개별적으로 대하신다. 그러나 우리의 신앙체험은 특별난 것이 아니다. 오늘날 우리는 헤아릴 수 없을 정도의 수많은 그리스도인들과 그 신앙을 공유하고 있고, 더욱 중요한 것은 수세기 동안 이 순례에 나섰던 헤아릴 수 없이 많은 선배들과 그 신앙을 또한 공유하고 있다는 점이다. 그들의 지혜가 교회의 전통을 통해 우리에게 전달된 은혜의 수단, 곧 하나님으로부터 은혜를 받을 수 있는 방법이 있다는 사실을 확립시켰다.

성경의 메시지는 하나님께서 우리를 한가족으로 여기신다는 것이고, 가족이면 그에 따르는 가족의 규칙들(family rules)이 있다는 것이다(롬 12장; 고전 12장). 그리고 교회에도 적용할 수 있는 가족의 규칙들은 이러한 은혜의 수단이라는 것이다. 만약 우리가 그것들을 사용하지 않고 있고, 일반 회중 속에서 점검해 보았을 때 우리가 그렇지 않다는 것을 당장이라도 알 수 있는 정도라면, 우리는 확실히 영적 보살핌을 책임지는 방법에 전념할 필요가 있다. 왜냐하면 우리의 사명을 감당하고자 할 때, 우리를 지탱해 주는 은혜가 없다면, 하나님과 우리의 관계는 점점 더 자기위주가 되고, 우리 자신과 우리의 욕망을 투영하는 것에 불과하기 때문이다.

3. 세상에서의 삶을 위한 영적 보살핌의 책임

그리스도교 신앙의 중심은 하나님이 인간이 되셨다는 것이다. 초기 감리회 신도들은 그렇지 않았지만, 우리는 제자훈련을 하면서 그 중요성을 자주 간과한다. 그들은 성육신적으로 살았고, 그것을 찬양했으며, 그것을 온 땅에 선포하였다. 그들은, 하나님 께서 인간이 되셨기 때문에 세상이 하나님께 받아들여질 만하고, 그 악으로부터 구원받을 가치가 있다는 것을 알았다. 하나님께서 인간이 되셨기 때문에, 인류는 하나님께 받아들여질 수 있었고, 그 죄로부터 구원받을 가치가 있었다. 하나님께서 인류의 종으로 오셨기 때문에, 신실한 그리스도인들은 세상을 섬기기 위해 그 모범을 따르라고 부름을 받은 것이다. 세상에서 신실하게 산다는 것은, 자신이 있어야 할 그 자리에서 그리스도를 찾는 것에 다름 아니었다.

그리스도인들은 세상으로부터 물러나 있는 것이 하나님께로 가는 길이라고 제시하는 그 어떤 활동에 대해서도 의심해야 한다. 그렇다, 우리 모두는 휴식과 휴양을 필요로 한다. 그러나 하나님께서는 그 당시나 지금이나 힘겹게 일해야 하는 매일의 전쟁 같은 일터에도, 그리고 우리가 너무 잘 알고 있는 우리 집 구석구석에도 계시는 분으로, 그 이상도 그 이하도 아니다. 우리는 자동차 스티커에 쓰인 "나는 찾았네!(I Found It!)"라는 문구를 읽곤 하였다. 그러나 그 반대로, 우리가 **어디에 있든**, 우리를 찾으시는 분은 바로 하나님이시다.

4. 교회에 대한, 교회를 위한 영적 보살핌의 책임

우리가 속회의 원리들을 현대 감리회에 적용하려고 할 때, 우리는 웨슬리 시대 이후에 일어났던 매우 중요한 변화 하나를 기억해야 한다. 감리회는 포괄적이고도 다원적인 하나의 교회가 되었다. 이제는 그 자체가 큰 교회인데, 그 안에서 우리는 작은 교회들이 다양한 형태와 다양한 목적을 가지고 나타나기를 기대해야 한다. 감리회가 그 초기에 하나의 작은 교회로서 유일한 것이 아니었던 것처럼, 현대 감리회의 작은 교회들도 주일학교부터 가정 성경공부 모임이나 더 나아가 사회적 행동을 위한 조직에 이르기까지, 다양한 표현들을 찾을 수 있을 것이다.

그러므로 문제는 현재 감리회에도 해당하는, 더 큰 교회인 "에클레시아(*ecclesia*)"에 대해 영적 보살핌을 책임지는 것을 수용하면서, 초기 속회 "에클레시올라(*ecclesiola*)"의 특별한 표현이 어떻게 현대 감리회에 이식될 수 있는가 하는 점이다.

이것은 무엇보다도 웨슬리 시대에 영국국교회의 모든 교인들이 감리회 신도가 될 준비가 되어 있었던 것처럼, 오늘날 모든 사람들이 소그룹에 가입할 준비가 되어 있지는 않을 것이라는 것을 의미한다. 초기 감리회 신도들이 인식했던 것처럼, 그리스도인의 헌신은 '이것이냐, 저것이냐?'라는 양자택일의 문제가 아니라, 더 깊은 헌신을 향한 믿음의 성장이었다. 모든 교회에는 제자훈련에 대한 도전이 새롭고 효과적인 방법으로 진행되어 성숙의 단계로의 신앙 여정을 증진시킨 사람들이 있을 것이다. 그 반면에, 그들의 순례가 아직 그러한 단계에 이르지 못한 사람들도 있을 것이다. 하지만 교회는 이 두 부류의 사람들을 받아들여야만 한다.

이것은 또한 소그룹들에 가입할 준비가 되어 있는 사람들이 자신들의 더욱 깊은 헌신을 할 수 있는 더 큰 교회의 필요성을 받아들여야 한다는 것을 의미하기도 한다. 자신의 제자훈련을 위해 영적 상호 보살핌을 책임지는 것을 실천하려는 사람들이 아직 그런 단계로 준비가 되지 않은 사람들을 무시하면 안 되는 것처럼, 더 깊은 헌신에 준비가 되어 있지 않은 사람들도 그런 단계에 있는 사람들에게서 위협을 느껴서는 안 된다.

5. 성령 임재에 대한 책임

초기 감리회 속회를 통해 적용했던 웨슬리의 은혜 이해는 아주 간단히 표현할 수 있다: 하나님의 은혜로운 계획에는 한계가 없다. 사실 하나님 은혜의 궁극적인 선물은 그것에 저항할 자유이면서, 그것에 순복할 자유이기도 하다. 믿음의 여정에서 상식의 역할을 극히 중요하게 만드는 것은 바로 이 자유이다. 하나님의 은혜가 용서와 화해의 길이라면, 그리고 하나님께서 죄인인 우리를 있는 그대로 받아들이신다면, 우리가 하나님의 은혜를 받을 수 있는 최선을 다하는 것은 상식일 뿐이다.

다른 모든 것을 고려할 때, 이러한 초기 속회의 특징이 오늘날 우리의 헌신을 가치 있게 만든다. 그리스도인들이 그리스도의 이름으로 함께 만날 때마다, 그룹의 역동성에 대한 현대의 지식을 통해서 알 수 있듯이, 따뜻함과 친밀감이 일어날 것이다. 하지만 무언가 다른 일이 일어날 수도 있다. 하나님의 영이 그 역동성 안에서 그리고 그 역동성을 통해, 예수 그리스도께서 도래하실 새 시대를 위하여 섬기고 있는 그들에게 힘을 실어주기 위해 임재하실 것이다.

이것이 바로 전 세계 그리스도인들이 영적 힘의 근원으로서 친교에 이끌리는 이유이다. 그리스도가 그의 이름으로 모이는 사람들 가운데 함께할 것이라는 성경의 약속은 초대 교회부터 넘쳐나는 **코이노니아** 사례를 통해 사실로 확인되고, 지켜진 약속이다. 그리스도인들은 통찰력과 희망, 낙담과 패배, 기쁨과 승리, 유혹과 약점, 강함과 성취, 불의의 짐과 해방의 희망들을 함께 나누는 것을 통해서 신앙의 기본원리를 발견한다. 그리스도인들은 여행의 각 단계마다 하나님의 은혜가 끊임없이 지속되고 있다는 것을 발견하며, 하나님의 뜻에 더욱 깊이 빠져들게 된다.

희생이 따르는 제자훈련의 사명

이러한 영적 힘은 제1세계, 제2세계, 제3세계의 사회적, 경제적 또는 정치적 억압의 상황에서 살아가는 그리스도인들에 의해 가장 잘 이해된다. 그리스도에 대한 순종이 사회적 수용과 박해 사이에서, 경제적 안정과 빈곤 사이에서, 정치적 자유와 감금 또는 고문 사이에서, 심지어 삶과 죽음 사이에서 선택하는 문제일 때, 복음의 증인이 된다는 것은 실로 은혜로운 일이다. 희생이 따르는 제자훈련의 현실에 대해 서구교회가 무관심해 보인다고 해서 이 세계 다른 지역의 그리스도인들이 분개하고 있다면, 그것은 부유한 사회의 자유와 부에 대해 비난하는 것이 아니다. 그보다는 오히려 그들이 이 세계의 다른 곳에서 복음의 증인이 되고자 할 때 희생을 피할 수 없고, 그래서 전적으로 은혜에 의존해야 하는 상황에서, 세계 어느 한 지역의 그리스도인들이 어떻게 그리스도교 신앙을 개인적 성취의 원천으로 간주할 수 있는 것인지를 이해하지 못하는 것이다. 그들은 소그룹의 친교와 생명력이 성령에 대한 순종 외에 **어떤 다른 것(anything)**을 위해 사용되어야 한다는 것을 전혀 이해할 수 없다고 생각한다. 왜냐하면 가난하고 궁핍한 사람들과 공감하라는 그리스도의 명령을 진지하게 받아들이고, 사회의 변두리들에 작은 교회를 세우기 위해 큰 교회의 안전을 떠나라고 요구하는 복음의 증인들은, 자신들의 제자훈련이 현실에 기초할 때 은혜가 이루어진다는 것을 누구보다 잘 알고 있기 때문이다.

어쩌면 오늘날 북미에서 영적 보살핌을 책임지는 제자훈련에로 나아오라고 우리를 부르시는 것은, 무엇보다도 바로 이러한 이유 때문일 것이다. 세계 교회의 형제자매들이 "사랑으로 우리를 보살피라"는 것은 그리스도의 몸의 지체들로서 우리의 책임을 되새기게 한다. 우리는 감리회 전통에서 그 답을 가지고 있는데, 그것이 바로 속회이다.

속회의 반향(echo)

다행스럽게도 감리회에 여전히 속회의 일부 반향들이 남아 있는데, 이와 관련하여 내가 직접 경험한 이야기를 들려주고 싶다. 약 25년 전 젊었던 시절, 영국 북부에서 수련과정 중에 있는 지역 설교자(local preacher)로서, 나는 탄광 마을의 작은 감리회 예배당에서 열린 주중 집회 설교에 초대되었다. 가파른 내리막 대로에서 휘어져 내려온 길은 좁았고, 가스등이 희미하게 비치고 있었다. 늦가을 저녁이었는데, 쌀쌀하고 습한 날씨였고, 집회 장소인 별관에 사람들이 모여들었을 때는 옅은 안개가 작은 석조 건물을 감싸고 있었다. 처음에는 냉랭하고 환영하지 않는 분위기였으며, 묵상기도를 위해 잠시 동안 먼저 고개를 숙이는 것 외에 어느 누구도 말을 하지 않았다. 그렇지만 사람들이 도착해 서로 인사하면서 그리스도인 친교의 따뜻함이 방안을 채우기 시작했다. 개회 찬송가에 이어 기도와 성경봉독이 이어졌고, 이어서 오르간 연주자가 양발로 발판을 눌러대더니 본격적으로 반주하면서 많은 찬송가를 불렀다. 즐겨 부르는 찬송가 몇 곡을 합창으로 부른 후에 그가 빈자리를 찾아 앉았는데, 그의 이마가 반짝거렸다.

  곧이어 그 집회의 리더가 자연스러운 권위를 지닌 채 주도적으로 순서를 진행해 나갔다. 그는 광부였는데, 노동시간 내내 지하에서 몸을 깊이 구부린 채 일하는 사람들의 그 강인함을 가지고 꼿꼿한 자세로 서서 사회를 보았다. 그는 모든 사람들의 이름을 호명하며 환영하였고, 격식을 차리지 않으면서도 분별력 있는 발언으로 차례차례 말을 이어갔다. 질책하는 듯한 몇 마디를 포함해서 그의 말 한마디 한마디를 해당되는 사람들은 당연한 것으로 받아들였다: 정기적으로 모임에 참석하지 않은 것을 두고 ("아시다시피 우리는 매주일 여기에서 모이고 있습니다."); 주일 예배에 빠진 것을 두고 ("우리 모두 아침에 누워 있고

싫어 합니다. 그래서 변명의 여지가 없다는 것입니다."); 탄광에서 욕설하는 걸 어쩌다가 들은 것을 두고 ("사람들은 당신이 이 예배당에 나오는 것을 알고 있습니다. 그렇게 말하면 나쁜 그리스도인이 되는 것입니다."); 지난 일요일 저녁 예배에 앞서 성가대에서 벌어진 논쟁을 두고 ("사람들이 찬송 부르러 나왔을 때, 누구나 무슨 일이 일어났는지 알 수 있었습니다.").

그러나 그는 또한 자신들의 신앙을 간증한 사람들이나, 특히 그 지역사회에 도움이 된 사람들에 대해 칭찬하고 격려하는 말을 잊지 않았다. 어떤 경우에는 관련되는 사람에게 놀라움을 안겨주는 말을 하기도 했다. 그리고 그 모임의 나머지 사람들로부터 감사에 대해 공감하는 소곤거림을 이끌어냈다. 한 사람은 지적장애인들을 위한 모금행사를 조직했고, 다른 한 사람은 적십자 지부에서 봉사 인증서를 수여받았으며, 또 다른 한 사람은 최근 탄광 노동조합 회의에서 지도자가 되어 달라는 단독 추천을 받았다. 각자가 차례로 칭찬의 말을 들었지만, 그 칭찬이 과하지 않았다. 분명히 그들은 훌륭한 감리회 신도들이라고 기대해도 좋을 만큼 수고하였다.

그 리더가 발언하는 내내 그의 지도와 지시가 두말없이 받아들여지는 것을 보았고, 세월이 지날수록 나는 그의 리더십 역량에 대해 더욱 더 신뢰하게 되었다. 질책을 받은 사람들은 그들이 질책당하지 않았더라면 실망했을 것이라는 인상마저 주었다.

칭찬과 격려를 받은 사람들은 그것을 개인적인 축하로 받아들이는 것이 아니라, 예배당 전체 교인들의 복음증거에 대한 기여의 표시로 받아들인다는 것을 보여주었다. 그것은 말하자면 훌륭한 훈련시간이었고, 내가 메시지를 전하기 위해 강대상에 섰을 때, 나는 청중들이 아주 분별력 있는 신자들임을 알 수 있었다. 영적으로 그들은 조화를 잘 이루고 있었다. 그리고 그리스도인 순종의 측면에서, 그들은 훈련을 잘 받았다. 게다가 그들은 자신들을 사명에 매달리게 할 복음의 참된 말씀만을 갈망하였다. 그밖의 다른 것들은 그들에게 시간낭비였을 것이다.

이것이 초기 감리회 신도들이 알고 있는 형태의 속회는 아니었지만, 그것은 하나의 분명한 반향이었다. 그 역동적 힘은 영적 상호 보살핌을 책임지는 것이었고, 사람들은 자신들의 제자훈련을 더 효과적으로 만들기 위해 서로서로 도와주고 있었다. 공동사명과 도전의식, 그리고 상호지원의 필요성이 있었다. 그들의 관심은 영적 직관력(spiritual perception)을 성장시키는 것이 아니었다. 그랬더라면 본말을 전도시키는 것과 같았을 것이다. 그들의 목적은 오히려 그들이 이미 받고 있는 은혜를 꽉 붙잡는 것이었다. 그것은 하나님의 사랑과 힘이 방해받지 않고 그들의 삶에 흐르게 하는 것이었다. 그들은 자신들의 삶에 임재하시면서, 그리고 자신들이 살아가고 일하는 세상에서 어떤 유혹이나 압박에 굴복하더라도 여전히 기다려 주시는 하나님의 역사하심에 순종하기를 원했다. 그들은 서로를 필요로 했기 때문에 함께 모였다. 이러한 영적 보살핌을 책임지는 것이 없다면, 이러한 순종함이 없다면, 영적 성장은 없을 것이다. 하지만 이런 것들이 있기 때문에 좋은 씨앗에서 식물이 잘 자라나는 것처럼 확실하게 성장할 것이다. 그들은 그 모임에서 우선순위를 올바르게 정하였다. 그들은 영적 보살핌을 책임지는 것을 실천하는 제자훈련의 중요성을 잘 알고 있었던 것이다.

헌신에 대한 새로운 사명

이와 같은 하나님의 은혜와 영적 보살핌의 책임에 대한 이해는 우리 시대에 제자훈련에 대한 사명을 더욱 심화시키는 수단이 될 수 있기에, 이제는 개체 교회의 **신앙서약 제자훈련 모임**(covenant discipleship groups)에 이러한 점들을 적용할 수 있는 모델의 개요를 제시해야 할 때이다. 모델이 제시됨에 따라 초기 속회와 많은 면에서 유사점들이 관찰될 수도 있겠지만, 상당한 차이점들도 볼 수 있을 것이다. 그 모델은, 한편으로 더 큰 교회인 "에클레시아(*ecclesia*)"의 타당성과 그 교회가 제공하는 은혜의 수단을 인정하고, 다른 한편으로는 하나님의 은혜가 신실한 제자들을 더욱 깊이 심화된 헌신의 단계로 나아가도록 부르심을 통하여 작은 교회인 "에클레시올라(*ecclesiola*)"의 진정성을 인식하도록 설계되었다. 그 모델은 교회의 생활과 사역에서 다른 형식의 그룹 활동을 배척하지 않으면서, 그리스도인 제자훈련의 **기본원리(basics)**에 대한 매우 상세한 형태를 제공하고, 성령의 능력 안에서 은혜의 수단을 사용하도록 영적 보살핌을 책임진다.

웨슬리가 우리에게 분명히 밝혀주듯이, 그리스도교 신앙은 성장이 일어나고 기대되기는 하지만, 성장으로서 체험되는 일은 거의 없다. 하나님의 주권적 은혜 아래에서 행해지는 신실한 제자훈련은 무엇보다 **꽉 붙잡고 유지하는 일(holding fast)**이다. 신실한 제자훈련은 순종을 기쁘게 받아들이는 자유와 책임 안에서 자신이 받은 은사들을 가지고 할 수 있는 한 최선을 다하는 것이다. 신앙서약 제자훈련 그룹들은 그런 노력에 동참하기를 원하는 사람들을 위한 것이다.

생각과 토론을 위하여

1. 속회의 형태를 집단치료 단주회나 체중 감시자 프로그램(110 쪽)과 비교하고, 이에 관해 토론하세요.

2. 오늘날의 감리회 신도들이 은혜의 수단을 소홀히 하고 있다 (115쪽)는 것에 동의하나요? 예를 들어, 우리는 얼마나 자주 성찬식을 하나요?

3. "그리스도인들은 세상으로부터 물러나 있는 것이 하나님께로 가는 길이라고 제시하는 그 어떤 활동에 대해서도 의심해야 한다."(113쪽)라고 한 내용에 관해서 토론하세요.

4. (a) 큰 교회인 *ecclesia*와 (b) 작은 교회인 *ecclesiola*의 중요성 이 무엇이라고 생각하나요?

5. 현재 한국 교회에서 소그룹들을 많이 활용하고 있는데, 초기 속회에 비추어볼 때, 얼마나 많은 소그룹들이 참된 목적을 위해서 재검증되어야 하나요?

6. 당신은 신앙 순례의 여정에서 초기 속회의 어떤 "반향"을 경험한 적이 있나요?

제2부

신앙서약 제자훈련 그룹

신앙서약 제자훈련 그룹은 제자훈련을 받기위해 영적 상호 보살핌을 책임지려고 매주 한 시간씩 함께 만나기로 동의한 2~7명으로 구성된다. 그들은 자신들이 동의하여 작성한 신앙서약을 확인함으로써 제자훈련을 실천한다.

제6장

신앙서약 제자훈련 그룹 만들기

1. 회중에게 신앙서약 제자훈련 그룹에 대한 아이디어 소개하기

신앙서약 그룹의 회원은 소명에 대한 제자훈련을 받는다.

유의해야 할 것은, 처음부터 개체 교회의 모든 구성원들이 결코 신앙서약 제자훈련 그룹에 헌신하고 싶어 하지는 않을 것이라는 점이다. 그 이유는 단순한데, 결코 모든 사람이 그런 모임에 가입할 준비가 되어 있지는 않다는 것이다. 거기서 하게 될 훈련들의 강도가 아주 미약함에도 불구하고 가입하려는 사람이 적을 수도 있다는 점에 놀랄 필요가 없는 것은, 웨슬리의 은혜론(doctrine of grace)이 가지고 있는 보편성과 포괄성에 따라 사람들이 하나님의 계획에 대해 저마다 다양한 크기의 헌신으로 반응한다는 점 때문이다. 제자훈련의 신앙서약에는 한 사람이 교인으로 입교하려고 할 때, 어떤 사람이 되겠다고, 또 어떻게 하겠다는 약속을 하도록 되어 있다. 하지만 이 약속이 이행되는 크기는 그 사람의 신앙 단계, 즉 하나님의 은혜에 응답하는 크기에 따라 달라질 수 있다.

신앙서약 그룹들을 개체 교회들에 소개한 적이 있었는데, 이 그룹에 가입하여 헌신하겠다는 사람은 예배드리는 회중의 15퍼센트 안팎에 불과한 것으로 드러났다.

그렇다고 해서 이것이 모든 교회 신도들에게 신앙서약 그룹에 가입할 수 있는 정기적인 기회조차 주어서는 안 된다는 의미는 아니다. 신앙의 단계별 발전과 관련하여 중요한 연구업적을 남긴 제임스 파울러(James W. Fowler)는 종교적 소명에 대한 웨슬리의 이해가 너무 훌륭하다고 확실하게 인정하고 있다. 그것은 각 단계마다 그 자체의 온전함(integrity)을 가지고 점진적 (progressive)이라는 것이다.[21] 교회 구성원들이 순례의 특정

---

21) James W. Fowler, *Stages of Faith: The Psychology of Human Development and the Quest for Meaning* (San Francisco: Harper & Row, 1981).

지점에서 신앙에 더 깊은 헌신을 하고 싶어 한다면, 그들의 개체 교회 환경에서 자유롭게 그렇게 할 수 있도록 무엇인가를 제공해야 할 것이다. 신앙서약 그룹들은 그러한 소명의 단계를 지속적으로 밟아 나갈 수 있게 하는 탁월한 방법이라는 것을 증명해 주었고, 제자훈련뿐만 아니라, 한층 업그레이드된 제자훈련에도 그 초대를 확대시킬 수 있는 기회를 제공해 주었다.

목사의 역할이 매우 중요하다.

교회의 목사는 신앙서약 제자훈련 그룹이 개체 교회 회중에게 소개될 때, 그 가치와 타당성을 확신해야만 하는 첫 번째 사람이다. 그렇다고 해서 그룹들이 목사의 강도 높은 지도를 필요로 한다는 것을 의미하지 않는다. 그 반대로, 그룹들의 강점 중 하나는 빠르게 자가 지도와 자가 발전이 된다는 것이다. 그러나 그룹들이 교회의 생활과 사역에서 요긴하게 쓰임 받으려면, 목사는 교회의 사역과 선교를 구성하는 다른 모든 것과 관련하여 그룹들의 기능을 확신해야만 한다. 그 운영 계획(concept)을 뒷받침하는 신학이 너무나 중요한 이유가 바로 여기에 있다.

마찬가지로, 한 교회의 목사가 신앙서약 그룹의 타당성을 확신하지 못한다면, 회중이 그것들을 채택할 가능성은 사실상 거의 없다.

설교를 통해서, 목회적 돌봄을 통해서, 목사가 공유하는 수많은 사적인 대화와 공개적인 교류를 통해서 신앙서약 그룹 운영에 대한 계획이 헌신의 소명으로 소개될 수 있다. 그것은 많은 교인들이 듣고 싶어 하고, 응답할 준비가 되어 있는 소명이다. 예배하는 회중의 15퍼센트가 다수가 아닐지도 모르지만, 그 수치는 수많은 개체 교회 상황에서 상당히 일관되게 나타나는 것으로 입증되었으며, 결코 무의미한 숫자가 아니다.

2. 시범 그룹(The Pilot Group)

시범 그룹으로 시작하는 것이 가장 좋다.

지금까지 알려진 바로는, 신앙서약 제자훈련 그룹을 회중에게 소개하기에 가장 효과적인 방법은 시범 그룹을 운영하는 것이며, 거기에는 몇 가지 이유가 있다:

a) 시범 그룹은 그 프로그램을 준비하는 데 있어서 최고다. 시범 그룹은 그룹들을 전체 회중에게 소개시킬 때 리더십과 전문성의 원천자료를 제공한다.

b) 시범 그룹은 사람들에게 신앙서약 제자훈련의 개념을 알려주는 효과적인 방법이다. 시범 그룹이 몇 달 동안 만나게 되면 교회 전체에 소문이 퍼질 것이다. 그룹의 회원 가입이

모든 사람에게 언제 개방될지에 대한 기대감과 함께 궁금증이 제기되고, 그에 따른 설명이 이루어질 것이다.

c) 시범 그룹은 목사와 교회 직원에게 과도한 행정 부담을 주지 않는다. 시범 그룹을 조직하는 것과 전체 교인들에게 회원가입을 개방하는 것 사이에는, 더 많은 사람들이 참여할 수 있는 실행계획을 준비하기 위한 충분한 시간이 주어지게 된다.

d) 시범 그룹은 성공이나 실패에 대한 압박감 없이 교인들을 대신하여 신앙서약 제자훈련의 형식을 탐색할 수 있다. 예컨대 "침체기(Doldrums)"와 같은 몇 가지 문제들이 있다 (215쪽 참조). 그래서 탐색훈련을 할 때 모든 경우들을 경험하는 기회를 갖는 것이 도움이 된다.

시범 그룹(들)은 신중하게 구성되어야 한다.

최고의 시범 그룹은 이런 종류의 헌신에 진심으로 관심이 있는 사람들로 구성된 그룹이다. 그러나 신앙서약 제자훈련이 배타적인 활동이라는 인상을 주지 않는 것이 중요하다. 이 프로그램이 회중모임에서 채택되어야 하는 것이고, 그 첫 단계는 시범 그룹을 만드는 것임을 강단에서나 주일 주보를 통해서 신중하게 광고하는 것으로 시작되어야 한다. 관심 있는 사람은 목회자나 교회 사무실로 연락하도록 초대되어야 한다.

시범 그룹의 회원을 구성하기 위해서는 직접 초대를 많이 해야 할 것이다. 그런데 필요 이상으로 많은 자원 봉사자가 있을 경우 두 번째, 혹은 세 번째 시범 그룹까지 조직할 수 있다.

모든 신앙서약 제자훈련 그룹과 마찬가지로, 시범 그룹들은 7명의 회원으로 제한해야 한다. 만일 여덟 번째 사람이 가입하길 원한다면, 4명씩 2개 그룹을 조직할 수 있고, 이런 식으로 최대 3개 그룹까지 가능하다.

목사와 교회 직원의 참여가 중요하다.

목사의 중추적인 역할에 대해서는 이미 회중에게 신앙서약 제자훈련 그룹을 소개하면서 언급되었다. 마찬가지로 시범 그룹에도 목사의 참여가 아주 중요하다. 대형교회에서는 부목사, 평신도 사역자와 기타 직원들이 포함된다. 만일 하나의 시범 그룹이 조직되면, 참여는 부목사에게 위임될 수도 있다. 여러 명의 교회 직원이 있는 교회에서는 각 직원이 2~3개의 시범 그룹에 참여할 기회가 주어질 수 있다.

시범 그룹의 평신도가 그룹의 역동성에 대한 전문 지식이 없는 경우에는 일반적으로 목사나 직원이 몇 주 동안 리더 역할을 맡아 해주는 것이 도움이 된다. 이것에 대해서는 8장에서 더 자세히 다룰 것이다.

3. 신앙서약서 작성

시범 그룹이 조직되면 첫 번째로 할 일은 매주 모임의 기초가 될 신앙서약서를 작성하는 일이다. 이것은 여러 조항으로 구성되어 있으며, 약속한 규칙들을 틀림없이 지키겠다는 회원들의 결의를 표현하는 것으로, "의향의 신앙서약(covenant of intent)"이다. 또한 이것은 하나님의 구원하시는 의에 근거를 두고 서론과 결론의 진술이 있는 "은혜의 신앙서약(covenant of grace)"이기도 하다.

서론과 결론

신앙서약서의 서론과 결론은 그룹의 구성원들에게 예수 그리스도의 은혜에 대해 열린 마음으로 순종하는 제자훈련을 추구하겠다는 결심을 표현할 기회를 제공한다.

사람들은 133쪽의 신앙서약서 샘플에서 서론과 결론을 그대로 가져다 쓰기를 바랄 수도 있다. 또는 자신들이 직접 초안을 작성하기를 원할 수도 있는데, 이 경우 정확한 문구에 동의하기 전에 여러 차례 매주 모이는 모임이 필요할 수 있다.

그룹은 신앙서약서를 작성할 때 필요한 만큼 시간을 들여야 한다. 그것은 그들의 영적 보살핌을 책임지는 훈련의 시금석이 될 것이고, 믿음과 의향을 표현하는 문장으로서 각 회원이 온 마음으로 인정할 수 있는 문서여야 한다.

신앙서약서의 조항들

필수조항

필수조항은 초기 감리회 총칙의 세 가지 강조점에 해당하는 것이다. 악을 피하고, 선을 행하며, 은혜의 수단을 사용하라. 오늘날의 그리스도인이 사용할 수 있는 언어로 초안이 작성되었지만, 그 내용은 당시와 다를 것이 없다.

선택적, 혹은 상황적 조항

그룹 구성원의 재량에 따라 선택적으로, 상황에 따른 조항들이 추가될 수 있고, 각자가 직접 스스로 작성하기 때문에 확실한 참여의식을 가지고 신앙서약을 지킬 수 있다. 이러한 조항들은 매주 모임에서 상당한 유연성과 창의적인 반응을 제공한다.

제자훈련 신앙서약서 샘플

이 신앙서약서는 서론과 결론, 그리고 신앙서약 제자훈련 그룹에서 일반적으로 사용되는 필수조항으로 이루어져 있다.

선택조항의 사례는 이어지는 페이지들에 찾을 수 있다.

내가 영생을 누리도록 예수 그리스도께서 돌아가셨다는 것을 알기에, 나는 이로써 예수님의 제자가 될 것을 맹세하며, 이것을 막을 자 아무도 없지만, 성령의 은혜로운 계획에는 전적으로 굴복합니다. 나는 나의 시간, 나의 재능, 나의 자원, 나의 힘을 나를 향하시는 하나님의 뜻을 발견하고 순종하는 데 신실하게 사용할 것을 맹세합니다.

나는 성령의 역사하심에 순종하여 하나님과 내 이웃을 섬기겠습니다.

나는 성령의 경고들에 귀를 기울여 하나님과 내 이웃에게 죄를 짓지 않겠습니다.

나는 방해받지 않는 한 매주 주일에 예배드리겠습니다.

나는 매주 성찬을 받겠습니다.

나는 매일 개인적으로 그리고 가족이나 친구들과 함께

기도하겠습니다.

나는 매일 성경을 읽고 공부하겠습니다.

나는 기도하는 마음으로 내 몸과 내가 살고 있는 세상을 돌보겠습니다.

나는 매주 그리스도인의 친교에 참여하며 책임을 지고 제자훈련을 받겠습니다.

이로써 나는 이 신앙서약을 지킬 힘을 갖도록 내 안에서 하나님의 은혜가 역사하실 것을 믿으며, 헌신을 하고자 합니다.

날짜:_____   서명: _____

선택조항(optional clauses)

이와 관련하여 따라야 할 유일한 지침은, 모든 선택조항이 실제로 시도하고 유지하기 위해 실행 가능해야 한다는 것이다. 신앙서약 그룹들의 원칙은 하나님의 은혜로운 계획들이 세상 어디에서나 사람들에게 전달되고, 사람들이 정해진 일상생활 속에서 그 계획들에 응답할 수 있다는 사실을 받아들이는 것이다.

초기 감리회 속회에서 실천된 영성의 본질은 그리스도인이 하나님과 교제하기 위해 영구적으로든지 잠시만이든지, 세상과 떨어져 있을 필요가 없다는 것이다. 훈련은 현재 직면하고 있는 세상 현실에서 하나님의 영의 은혜로운 계획에 저항하지 않는 법을 배우는 데 있다.

그러므로 그룹들은 필요한 경우 제한된 시간 동안 선택조항들을 자유롭게 삽입하거나, 더 이상 영적 보살핌을 책임지는 것이 필요하지 않은 조항들을 삭제해야 한다. 예컨대 그룹의 구성원이 바뀌면, 종종 다음과 같이 "상황적(contextual)" 조항들을 바꿀 필요가 있다.

나는 기도하는 마음으로 공부 시간을 짜겠습니다.
(대학생 그룹의 신앙서약서에서.)

나는 매일 한 시간씩 나의 자녀들과 함께 하겠습니다.
(젊은 부부의 신앙서약서에서.)

나는 직장에서 모든 일에 정직하겠습니다.
(사무직 노동자 그룹의 신앙서약에서.)

나는 나 자신과 다른 민족적 배경을 가진 사람에게 매일
우정을 나누겠습니다.
(외곽지역의 여성에서부터 농장 노동자와 도심 실업자에

이르기까지 다양한 구성원을 가진 여러 그룹의
신앙서약서에서.)

나는 적어도 하루에 한 번씩 복음전도를 하겠습니다.
(주립 교도소에 있는 그룹의 신앙서약서에서.)

관련성과 구체성

영적 보살핌을 책임지는 과정의 단계에 들어서게 되면, 그룹 구성원들이 각자의 제자훈련 양태와 밀접한 관련이 있도록 필수 조항들을 보다 구체적으로 작성하길 원할 수도 있다. 다시 말하지만, 이것들은 필요에 따라 도입되어야 한다. 예를 들면:

나는 매일 한 끼를 덜 먹고, 굶주린 사람들을 먹여 살릴
돈을 후원하겠습니다.

나는 다른 사람들이 부당한 일을 당할 때 침묵하지
않겠습니다.

나는 매일 최소한 한 시간씩 도움이 필요한 사람을
돕겠습니다.

나는 내가 사는 지역 사회의 소외 계층 문제해소를 위해
매주 4시간씩 사용하겠습니다.

나는 매일 그리고 매주 기도를 계획하기 위해 일기를 쓰겠습니다.

나는 매일 성경 통독을 하면서 영적 통찰력을 기록하겠습니다.

나는 매일 성찬을 받겠습니다.

나는 하나님의 재물을 지키기 위한 나의 청지기직에 충실하겠습니다.

나는 내가 받는 모든 것의 적어도 10분의 1은 하나님께로 돌려드리겠습니다.

나는 금식할 때 성령의 인도하심을 구하겠습니다.

우선순위

선택조항들을 최종적으로 선택할 때, 신앙서약서의 필수조항이 우선권을 가지고 있고, 많은 경우 그룹의 교리문답 과정에서 이러한 질문들에 대한 개인적 답변들이 그 관련성과 구체적인 문제들을 이야기해야 할 것이라는 점을 기억하지 않으면 안 된다. 그룹은 각 회원이 선택조항들에 대해 영적 보살핌을 책임지기를 원한다고 동의한 경우에만 그것을 추가해야 한다.

공개조항(Open Clauses)

선택조항에 대해 의견이 일치하지 않는 경우, 각 회원은 자신에게 특별히 중요한 제자훈련의 어떤 면에 대해 영적 보살핌을 책임지겠다는 데 동의하는 공개조항을 신앙서약서에 추가하는 것이 가능하다. 여기에서 그 조건은 영적 보살핌을 책임지겠다는 조항이 이전 모임의 폐회 때 그룹에 반드시 공지되어야 하며, 그 회원은 다음 모임에서 그 조항의 이행 여부에 대해 질문을 받아야 한다. 새로운 그룹의 구성원들이 공개조항을 선택할 만큼 충분히 편안하게 느낄 것 같지는 않다. 한 그룹이 이러한 단계에 도달하기까지에는 몇 달이 걸릴 수 있으며, 이것은 일반적으로 영적 책임적인 상호 보살핌의 한 성장 지점에서 나타난다.

신앙서약서의 길이

신앙서약서의 조항 수에는 정해진 제한이 없다. 하지만 한 시간 안에 각 회원과 각 조항을 검토할 수 있도록 그룹의 역량에 따라 결정되어야 한다. 따라서 실제로 신앙서약서에는 전체가 10개 이내의 조항들로 구성되어야 한다. 그러나 그룹 구성원들이 자신들의 제자훈련에 대해 영적 보살핌을 완전히 책임지기 위해 조항을 추가하는 것이 중요하다고 생각한다면, 자유롭게 그렇게 하도록 해야 한다. (146쪽의 "모임의 형식" 참조)

신앙서약서의 서명

신앙서약서에 동의하면, 그 그룹의 누군가 그것을 간편한 형태로 복사할 책임을 져야 한다. 주보 속지 크기 (8½" x 5½")가 적당하며, 지갑이나 핸드백에 접어 넣을 수 있어야 하고, 날짜와 서명을 위한 여백이 있어야 한다. 그리고 그 그룹의 각 회원에게 복사하여 나눠준 다음 모임에서 첫 번째로 할 일은 모든 사람이 사본에 서명하게 하는 것이다.

4. 신앙서약 그룹에 대한 헌신

상호 영적 보살핌에 대한 책임

그룹 회원들이 신앙서약서에 서명할 때, 그들의 헌신에는 기한이 없다는 점을 강조해야 한다. 이것은 일정기간 동안 시도되는 단체 활동이 아니며, 개인적인 성취감의 대상도 아니다. 그것은 "사랑 안에서 서로를 보살피는" 것이어야 하고, 신앙서약 그룹은 그 시작부터 모든 구성원들이 영적으로 상호 책임지고 보살펴야 한다는 것을 이해하지 않으면 기능할 수 없다.

불가피한 불참은 사전에 그룹에 알리거나, 이후에 가능한 한 빨리 양해를 구해야 한다. 만약 한 회원이 이유 없이 불참하였다면, 그룹의 누군가가 그 사람에게 연락하여 나머지 사람들이 그 사람을 보고 싶어 한다는 사실을 알려야 한다.

그룹 탈퇴

그룹을 탈퇴하는 가장 타당한 이유는 자신의 제자훈련에 대한 헌신이 다른 방식으로 더 잘 성취 될 수 있다는 강한 소명감이 있을 때뿐이라는 것을 신앙서약서에 서명하는 순간에 더욱 명확하게 상기시킬 수 있다. 한 회원이 기도하면서 탈퇴하겠다는 결정을 내리면, 이 사실을 모임의 다른 회원에게도 알리고, 원하는 대로 즉시 처리해야 한다.

만약 어떤 회원이 탈퇴에 필요한 조치를 취하지 않으면서 참석을 중단한다면, 3회 결석 이후에 그룹의 누군가가 관련된 사람과 그 문제를 토론해야 한다. 태만보다는 소명감 때문에 의도적으로 탈퇴하는 것이 중요함을 강조해야 한다. 만약 첫 번째 상담에서 그룹 탈퇴 결정이 이루어지지 않고, 그 사람이 그 다음 3주 동안에도 정기적으로 출석을 재개하지 않으면, 최종 접촉을 통해서 그룹 탈퇴를 공식적으로 처리해야 한다.

그러나 실제로는 신앙서약 그룹이 개교회 생활 속에서 적절하게 시작되고 양육될 경우, 아주 소수의 회원들만이 탈퇴한다.

5. 시범 과정의 기간

시범 그룹이 신앙서약 제자훈련 개념을 깊이 탐색하기 위해서는 **적어도 1년 동안** 모이게 하는 것이 바람직하다. 이것이 지나치게 긴 시간으로 보일 수는 있다. 그러나 만약 회중이 그보다 더 짧은 기간 동안에 참여할 준비가 완벽하게 되어 있다면, 그 그룹을 지체 없이 모든 회원에게 확실하게 개방해야 한다.

하지만 시범 과정이 짧기보다는 오히려 길어야 도움이 되는 몇 가지 요소가 있다.

신앙서약 제자훈련 그룹에 대한 헌신은 끝이 없다.

신앙서약 제자훈련 그룹들의 차별화된 특징들이 있다면, 바로 이것이다. 가입한 사람들은 처음부터 자신의 헌신이 그리스도인으로서 남아 있는 인생을 위한 것이라는 사실을 직접적으로 알게 된다는 사실이다. 어쨌든 예수님이 제자들을 부르셨을 때, 예수님은 그들에게 "한 번 해보라"거나, "저들이 좋아하는지 알아보라"고 요청하지 않으셨다.

그러므로 신앙서약 제자훈련 그룹에 대한 헌신은 선호의 문제가 아니라, 사명의 문제이다. 이러한 사실을 시범 그룹이 회중에게 확신시킬 수 있도록 매주 모임을 통해서 확실하게 할 수 있는 시간이 필요하다.

물론 신앙서약 제자훈련에 대한 무기한의 헌신이 같은 그룹 내에서 평생회원임을 의미하지는 않는다. 이것은 현재와 같은 모바일 사회의 특성상 거의 불가능할 것이다. 사람들은 직장과 집을 옮기고, 자주 일정을 바꾼다. 그러나 신앙서약 제자훈련에 대한 헌신은 그리스도인 제자훈련의 변화된 패턴을 의미한다. 정의하자면, 이것은 현재와 영원을 위한 영구적인 변화이다.

의심과 반론은 시범 과정 중에 가장 잘 처리된다.

가장 일반적인 반론들에 대해서는 10장에서 다루게 된다. 이것들은 뚜렷한 규칙성을 가지고 발생한다. 시범 과정 동안 회중 사이에서 널리 전파될 수 있도록 충분한 시간이 허용되어야 한다.

만약 그룹들이 회중에게 너무 빨리 공개되면, 반론들이 효과적으로 대응할 기회도 갖기 전에 표면에 드러나게 될 것이다.

회중의 초대는 신중하게 계획하고 실행해야 한다.

그룹들을 전체 회중으로 확장하는 일은 여러 면에서 신앙서약 제자훈련을 "출산하는(birthing)" 것과 같다. 그래서 이 일은 많은 구성원들이 일정하게 성장해 온 그 방향으로 더 깊은 신앙의 헌신을 하게 될 중요한 전환점을 제공해 준다.

그러므로 9장에 설명된 주말 신앙서약 모임은 조직된 그룹들의 양육을 위한 충분한 사전 통지와 철저한 준비를 통해 신중하게 계획되어야 한다.

그러나 결국 시범 과정의 기간은 목사와 시범 회원의 목회적 민감성에 달려 있다. 모든 출산과 마찬가지로, 언제가 될지 예측하기 힘들지라도 그룹들을 회중에게 개방할 시간을 확실히 분별해야 할 것이다. 따라서 시범 그룹(들)은 주의를 기울여서 자신들의 사역의 정점에 이를 때를 위하여 준비해야 한다.

제7장

그룹 미팅

그룹이 신앙서약서를 작성하고 서명하면, 매주 정기적으로 모임을 가질 준비가 된 것이다. 신앙서약서가 영적 보살핌을 책임지는 것을 어느 정도 보여주는 한, 모임을 운영하는 데 있어서 왕도는 없다. 다음의 지침들은 어느 정도 유연성을 행사할 수 있는 틀을 제공할 뿐이다.

1. 시간과 장소

정기 모임 시간에 합의하고, 모든 구성원들이 이것을 우선순위로 두어야 한다. 일단 신앙서약이 한 사람의 제자훈련의 기반이라고 인식되면, 그에 따라 어떠한 헌신이라도 재조정될 수 없는 것은 없다. 모임은 모든 사람이 도착했는지의 여부와 상관없이 정시에 시작되어야 하며, 한 시간 후에는 즉시 종료되어야 한다. 그룹들은 교회, 가정, 사무실, 공장, 야외 등에서 만날 수 있다. 그러나 장소를 선정할 때 명심해야 할 것은, 어느 정도의 친밀감을 가질 수 있는 공간이 바람직하다는 것이다. 예를 들어 집중력이 방해를 받을 정도의 큰 방은 피하는 것이 좋다. 그룹의 구성원들이 모임이 진행되는 전체 시간 동안 완전히 편안함을 느껴야 하고, 비밀도 자유롭게 말할 수 있는 환경 속에 있다는 것을 확신하게 해주어야 한다.

만약 정기 모임 장소가 불가능하거나, 회원들이 번갈아 가며 그룹을 대접하는 것을 선호한다면, 매번 모임이 끝날 때마다 다음 모임이 열릴 장소를 명확하게 알려줘야 한다. 불참하게 되는 회원은 가능한 한 빨리 알려줘야 한다.

2. 리더

처음 몇 주 동안 그룹을 이끌어갈 리더를 임명하는 것이 도움이 되는데, 목사가 적임자일 수 있다. 그러나 모임의 형태가 모든 회원들에게 익숙해지면, 교대로 돌아가면서 리더십을 맡아야 하며, 다음 모임의 리더는 일주일 전에 동의를 얻어야 한다.

리더의 역할은 초기 감리회 속장의 역할과는 다르지만, 그럼에도 불구하고 중요한 것은, 만일 어떤 회원이 자기 차례를 받아들이는 것에 어려움을 느낀다면, 강요해서는 안 된다는 점이다. 이와 동시에 주저하는 회원들에게는 책임을 지도록 격려하여야 하며, 그들이 책임을 수락하면 모든 지원을 아끼지 말아야 한다. 이에 대해서는 8장에서 더 자세히 설명할 것이다.

3. 모임의 형식

모임 시작하기

신앙서약 그룹의 모임들은 언제나 리더 혹은 다른 회원의 기도로 시작되어야 한다. 기도는 가급적 짧은 것이 좋고, 신앙서약을 큰 소리로 읽는 공동의 낭독이 이어질 수 있다. 이것이 어떤 그룹에게는 도움이 되지만, 그렇지 않은 그룹도 있다. 그러나 신앙서약 자체로 신속하게 진행하는 것이 중요하다.

신앙서약서

신앙서약서의 각 조항은 영적 보살핌을 책임지겠다는 목표를 가지고 순서대로 진행된다. 리더는 자신부터 시작해서 차례로 각 구성원들에게 조항에 표현된 목적대로 지난 한 주 동안 실천했는지를 묻는다. 만약 그렇다면, 이와 관련하여 주목할 만한 해프닝이나 체험이 있었는가? 그렇지 않다면, 부닥친 일로 인해 특별한 어려움이 있었는가? 각 회원이 답변을 한 뒤에라야 리더는 다음 조항으로 진행한다.

이때의 질문들은 어떠한 묵시적인 판단이 아니라 오히려 공동 순례에 대해서 함께 나누고, "사랑 안에서 영적으로 서로를 보살피는" 수단으로서 던지는 것이어야 한다. 이와 동시에 그 조항들은 신앙서약서 안에 있어야 하고, 그것들의 목적대로 어느 정도 성취되었는지에 대한 설명이 있어야 한다.

가능한 한 신앙서약서 전체 내용은 매주 다루어져야 한다. 그러나 그룹들이 스스로 알아서 활발하게 진행하고, 사람들이 자신의 영적 순례에 대해 더 공개적으로 이야기하기 시작하게 되면, 가능한 시간 내에 모든 조항을 다루는 것이 불가능해질 수도 있다. 그러므로 리더는 모임을 위해 어떤 조항을 선택할 것인지에 대해 재량권을 행사해야 하고, 해당 그룹은 생략된 조항에 대해 다음 주에 영적 보살핌을 책임질 준비가 되어 있어야 한다. 리더는 또한 여러 조항들을 하나의 교리교육으로 결합할 수 있다. 예컨대 기도와 성경 공부를 합쳐서 하거나, 예배와 성찬 그리고 절제를 합쳐서 할 수 있다.

모임 종료하기

모임들은 기도로 마쳐야 하고, 이것은 흔히 중보기도의 형태를 취할 수 있으며, 개인의 관심사는 그룹과 공유한 다음 완전한 동의 아래 하나님께 간구해야 한다.

일부 그룹들은 교회 목사에게 매주 그들과 함께하면서 모임의 마지막 몇 분 동안 성찬식을 집행하도록 요청함으로써, 성찬에 관한 신앙서약서의 조항을 이행하기를 원한다. 이것은 여러 그룹이 같은 시간, 같은 장소에서 동시에 만나기로 동의한 경우 특히 의미가 있다. 각자의 모임 장소에서 신앙서약서의 조항들을 다룬 후에 그룹들이 이러한 폐회 의식을 위해 한 방에 모이는 경우이다.

기도나 성찬을 마치기 전에 회원들은 "공개" 조항들의 세부 사항에 대해 스스로 책임을 지겠다는 것을 다짐해야 한다.

모임이 끝난 후 그룹들은 다음 모임 리더, 다음 모임 장소, 불참한 회원에게 연락할 담당자와 같은 "일상 업무"를 처리하는 것을 잊지 말아야 한다.

4. 그룹 역동성

지금쯤이면 신앙서약 제자훈련 그룹의 독특한 원동력이 리더와 그룹 각 구성원 간의 대화라는 것이 분명해졌을 것이다. 아래의 도형은 이것이 다른 유형의 그룹 토론과 어떻게 다른지, 그리고 모임의 흐름을 유지하는 데 리더의 역할이 얼마나 중요한지를 보여준다. 이것이 바로 리더십을 순환시키고, 처음 몇 주나 몇 달 동안 가급적 한 사람에게 리더십을 부여하는 이유이다. 이때 이미 신앙서약 그룹을 경험한 사람이나, 목사 또는 그룹의 역동성에 관해 이해를 가지고 있는 교회직원에게 리더십을 부여하는 것이 좋다.

이 교리교육에서 발휘해야 할 기술은 주로 "피드백"이다. 가끔 교리문답적인 질문에 그룹의 회원이 '예' 또는 '아니오'라는 한마디 이상의 긴 내용으로 대답하도록 권고할 필요가 있다. 그런가 하면, 회원이 개인적인 체험들을 길게 설명하면서 대화를 주도하지 못하도록 저지해야 할 필요도 있다. 이것이 어느 정도로 재치있고 단호하게 다루어지는가의 정도는, 다른 회원들의 반응에 대한 리더의 반응에 의해서 주어지는 신호에 따라 크게 좌우될 것이다. 리더는 시간의 흐름을 재고, 적절한 속도로 신앙서약서를 다룰 수 있어야 한다. 마찬가지로, 오랜 대화가 그룹 전체에 가치가 있는 것으로 입증될 경우, 한 회원에게 언제까지 시간을 줄 것인지를 감지해야 하는 것도 리더이다.

요컨대 신앙서약 제자훈련 그룹의 리더는 초기 감리회 당시의 속장에 못지않게 이런 형태의 교리문답교육에 능숙해야 한다.

차이점은, 가능한 한 모든 그룹의 회원들이 이러한 기술들을
발전시키도록 권장되고 있다는 것이다.

전형적인 소그룹의 대화 흐름

리더는 지시하지 않고
모든 회원들이 상호 작용한다.

신앙서약 제자훈련 그룹의 대화 흐름

영적 보살핌을 책임지는 교리문답적 과정은
리더에게 지시하는 역할을 부여한다.

5. 신앙서약 그룹 모임의 대화 사례

피드백이 모임의 진행 흐름에 결정적이라는 사실을 설명하는 가장 좋은 방법은, 가상의 신앙서약 그룹 모임을 보여주는 것이다. 그 모든 "교과서적인" 사례들과 마찬가지로, 여기에 인용된 대화는 무언가 틀에 박힌 것일 수 있다. 하지만 여기에 제시된 대화는 많은 그룹 모임들에서 실제로 있었던 내용들이다. 모임에서 다루어진 전체 내용을 여기서 제시할 필요는 없을 것이다. 한 개나 두 개의 조항이면 충분할 것이다. 이 사례에는 모임이 어떻게 시작되고 끝나며, 모든 일상적인 업무 항목들이 얼마나 올바르게 수행되고 있는지를 확인하는 것이 포함되어 있다.

이 그룹에는 리더를 포함하여 6명의 회원이 있다. 만일 시범 그룹이 처음에 모임을 진행하는 방법을 잘 모른다면, 여기에 발췌한 대화들을 역할극으로 같이 연습해 보는 것이 좋다. 이 경우에 배역들을 "1번 회원", "2번 회원" 등과 같이 하기보다는 각 역할을 맡은 사람들에게 이름을 부여한다면 도움이 될 것이다. 이와 관련하여 세 번째 회원은 남자가, 네 번째 회원은 여자가 연기해야 한다는 것을 명심해야 한다. 나머지 역할은 남자 또는 여자가 연기할 수 있다.

———

리더: 기도로 시작하겠습니다. 가장 은혜로우신 하나님, 우리

가 서로 친교하며 예수 그리스도의 이름으로 만나게 해주신 것에 대해 다시 한 번 감사드립니다. 우리는 또 한 주 동안 당신의 제자로 살았습니다. 그리고 우리가 그 길을 따라 걸었던 발걸음에 대해 당신과 또 서로에게 이야기하기 위해 지금 모였습니다. 우리가 기도하오니 성령의 능력으로 우리와 함께하여 주시옵소서. 우리가 봉사의 기회를 얻도록 우리에게 새로운 안목을 주시옵소서. 우리의 결점을 받아들일 수 있는 겸손을 주시옵소서. 서로 사랑하고 돌볼 수 있는 은혜를 주시옵소서. 예수 그리스도의 이름으로 기도드립니다. 아멘.

이제 우리의 신앙서약을 함께 낭독하겠습니다. (여기에서 그룹의 신앙서약을 빠짐없이 따라 읽는다.)

이번 주에는 기도에 관한 조항으로 시작하려고 합니다. 지난주에는 우리가 도움이 필요한 사람들에게 봉사하려고 할 때, 어떻게 보다 계획적으로 봉사할 수 있는지에 대해 토론하였습니다. 그래서 이 기도에 대한 주제를 다루지 못했습니다. 하지만 우리가 여기서 다루어야 할 어떤 주제도 놓쳐서는 안 되기 때문에 오늘 다루지 않을 수가 없습니다.

저 자신부터 시작하겠습니다. 지난주에는 이번 주보다 훨씬 더 긍정적으로 보고할 수 있었습니다. 그것은 아마도 지난 시간에는 이 질문에 대해서 우리가 스스로 책임을 지겠다는 다짐을 하지 않았기 때문일 것입니다. 아침기도는 여전히 저의 장점입니다. 가족기도는 여전히 약합니다. 아침에 일어나자마자 짧은 기도로 하루를 시작합니다. 그런 다음 매일 성경 읽기와 더 집중된 기도를 위해 아침 시간을 따로 마련했습니다. 그러나 밤에는, 우리가 가족기도를 하기로 합의했음에도 그것을 지키기가 쉽지 않습니다. 하루를 가족기도로 마친다는 것이 어렵습니다. "흐지부지되는" 경향이 있습니다. 지난주에는 매일 혼자 기도했지만 가족기도는 한 번만 했다는 사실을 보고합니다.

(1번 회원에게): 당신은 어떠세요? 이번 주에 기도에 충실하셨나요?

1번 회원: 그렇지 못했습니다, 저도 마찬가지입니다. 그렇지만 저의 어려움은 당신과 정반대입니다. 저는 이제 경건하게 독서와 기도로 하루의 마지막 시간을 보내는 일관된 일상생활을 지내고 있습니다. 문제는 아침에 침대에서 일어나는 것이 너무 힘들고, 여전히 기도해야겠다는 생각이 들지 않는다는 것입니다. (참석자 일동 웃음).

리더 (함께 웃으며): 저도 그 심정 잘 알고 있어요.

1번 회원: 눈을 뜨면 아침 출근에 정신 못 차리며 버스를 타는 것 외에는 아무것도 할 시간이 없는 것 같습니다. 아침 늦게라도 시간을 정하려고 했지만, 제가 일하는 곳에서는 힘듭니다. 사무실에 다른 사람들이 20명이나 있습니다. 그래서 저는 저녁에 기도하는 것을 최우선 순위로 삼았습니다.

리더: 좋습니다. 다른 일로 주의가 산만하지 않을 때 진지하게 기도하는 시간을 갖는 것이 중요합니다. 그러나 꾸벅꾸벅 존다고 해서 기도로 하루를 시작하는 데 방해가 된다고 생각하지는 마세요. 주일 학교에서 배운 짧은 기도를 기억할 수 있다면 큰 도움이 될 겁니다. 찬송가에도 가슴으로 받아들이게 되는 수많은 가사 내용들이 있고, 그것들을 읊조릴 때 정말 의미가 있습니다. 나는 때때로 우리 개신교인들이 이런 종류의 기도에 대해 너무 강력하게 부정적으로 반응했다고 생각합니다. 우리는 스스로가 모두 다 생각해낸 것이 아니면, 기도했다고 생각하지 않습니다. 짧은 기도문을 배워 보는 것이 어떨까요?

(2번 회원에게): 이번 주에 정기적으로 매일 기도하셨나요?

2번 회원: 아, 네. 이것은 제가 그리스도인으로서 젊은 시절부터 수년간 해온 일입니다. 저는 하루를 시작할 때 하는 기도가 낮 동안에 응답되는 일이 자주 있어서, 다른 방법으로는 시작할 생각을 해본 적이 없습니다. 지난주 동안 저는 낮에도, 오후에도 기도를 위해 잠시 일하는 시간을 멈추기도 했습니다. 저는 하나님께서 어떤 장소든, 어느 시간이든 제게 다가오신다는 것을 알기 때문에 제가 언제나 응답할 준비를 하고 있어야만 합니다. 그래도 제가 가진 최고의 시간은 언제나 기도서를 읽고 명단에 있는 모든 사람들을 위해 기도할 수 있는 저녁때입니다. 저에게 자신들을 위해 기도해 달라고 요청해 온 사람들이 많아서, 제가 누구도 잊지 않도록 모든 사람들의 명단을 작성했던 것이 도움이 됩니다.

리더: 그것 참 괜찮군요. 그러나 매일 기도하는 시간에 친구 한두 명에게 함께 해달라고 부탁해도 좋지 않을까요? 당신의 기도 명단에 많은 사람들이 있는 것 같고, 그들이 당신의 기도에 직접 참여하는 것을 고마워하리라고 생각됩니다. 그것 또한 당신의 기도 생활을 해나가는 데 도움이 될 겁니다.

(3번 회원에게): 이번 주 기도에 대해 말씀해 주세요.

3번 회원: 별로 할 말이 없네요. 죄송합니다.

리더: 기도하는 데 특별한 어려움이나, 문제가 있었나요?

3번 회원: 그렇지는 않습니다.

리더: 계속해서 일해야만 할 무언가가 있었군요.

3번 회원: 맞습니다.

리더 (4번 회원에게): 이번 주 기도 생활은 어떠셨나요?

4번 회원: '예'라고 할 수도 있고 '아니오'라고도 할 수 있을 것 같습니다.

리더: 그래요? (참석자 일동 웃음).

4번 회원 (웃음): 그러니까, 매일 기도를 하기는 했는데, 그다지만족스럽지 않았습니다.

리더: 어떤 점에서 그렇지요?

4번 회원: 질 좋은 기도라는 생각이 들지 않았습니다. 방황하는 것 같았고, 기도하는 자세가 적절하다고 느껴지지도 않습니다. 어떤 때는 하나님께 나아가려고 열심히 노력을 합니다만, 어떤 때는 또 지겨워져서 포기도 했다가, 심지어는 가족과 함께 기도할 때도 다른 일들을 생각할 때가 있었습니다.

리더: 하지만 적어도 기도를 하기 시작한 것이잖아요.

4번 회원: 네, 맞습니다.

리더: 그러면 이번 주에는 지금까지 기도와 관련해서 신앙서약서의 조항을 완수한 최초의 분이시군요!

4번 회원: 그게 무슨 말이죠?

리더: 우리의 신앙서약은 우리가 매일 개인적으로, 그리고 가족이나 친구와 함께 기도할 것이며, 순종할 수 있는 힘을 주시는 그리스도의 은혜를 신뢰하겠다고 명시적으로 제시하고 있습니다. 이것은 당신이 기도로 하나님을 섬겼기 때문에 당신의 신앙서약에 충실했음을 의미하는 것입니다. 우리의 기도가 우리로 하여금 기도했다는 느낌이 들게 하는지 여부는 중요하지 않습니다. 어쨌든 그것은 은혜로 온 것이고, 우리가 잘나서가

아닙니다. 우리가 해야 할 일은 하나님의 은혜에 마음을 열어 놓고, 주어진 날에 우리가 어떻게 느끼든지 간에 성령이 역사하고 있음을 신뢰하는 것입니다. 당신의 시간이 낭비되었다고 생각하지 마시기 바랍니다. 당신은 기도한 것입니다.

(5번 회원에게): 이번 주에 충실하게 기도생활을 하셨나요?

5번 회원: 이틀을 제외하고는 거의 다 했습니다. 저는 우리가 몇 주 전에 보았던 존 베일리에(John Baillie)의 기도일기를 사용하고 있습니다.[22] 그것이 저에겐 정말 도움이 되었습니다. 매일 기도로 시작하고 끝낼 뿐만 아니라, 내가 기도해야 할 사람들의 이름과 다른 특별한 관심사도 기록하고 있습니다. 친척과 친구들을 위해 기도가 응답되기를 기대한다면, 세상의 문제를 위해 기도해야 한다는 사실을 깨닫는 것이 좋습니다. (3번 회원에게) 이것이 당신에게 도움이 될 텐데, 매일 명단에 기록된 기도하는 사람들을 위하여 그 내용을 적게 되고, 다른 모든 기도와 아이디어를 거기에다 추가로 적어 놓을 수 있기 때문입니다.

3번 회원: 감사합니다. 복사본을 얻을 수 있는지 확인해 보겠습니다. 물론 명단을 작성할 때 상당히 많이 변경해야 하므로

---

22) John Baillie, *A Dairy of Private Prayer* (New York: Scribners, 1936). This has been reprinted many times.

하루에 한 페이지만 있으면 공간이 부족할 것 같습니다. 하지만 적어도 복사본을 얻을 수 있는지부터….

리더 (불쑥 끼어들면서): 좋습니다. 어쩌면 우리 모두가 그렇게 해야 할 필요가 있습니다. 그런데 아직 우리에게 신앙서약서에서 다루어야 할 다른 조항들이 남아있어서 그것을 다루도록 하겠습니다. 하나님과 이웃에게 죄를 짓지 말라는 성령의 경고에 귀를 기울이라는 조항을 볼 수 있지 않습니까? 이 조항은 항상 저에게 감추어진 무기 같았습니다. 왜냐하면 제가 이 모임을 준비할 때마다 성령께서 제가 전혀 만난 적이 없는 사람들을 상대로 한 나의 죄에 대해 또 다른 새로운 통찰력을 주셨음을 발견했기 때문입니다. 오늘 아침 식사를 하면서 이것이 정말로 분명해졌습니다. 먹을지 말지, 그 모든 게 저의 선택이었습니다. 그러다가 오늘 아침에 우리와는 매우 다르게 생각하는 수백만 명의 형제자매들을 생각했습니다. 그들에게 먹지 말아야 할지는 전혀 문제가 되지 않습니다. 그들의 문제는, 하루가 끝나기 전에 조금이라도 무엇인가를 먹을 수 있을지의 여부였습니다.

저는 그 생각이 떠오르는 순간, 정신이 번쩍 들었습니다. 저는 그들이 굶어죽는 동안 먹는 죄를 저질렀습니다. 저는 우리가 이것에 대해 생각하면 좋겠습니다. 그래서 우리가 지금보다 더 구체적으로 무엇인가를 해야 하는 데 동의해야 한다고 생각합니다. 그것은 저를 매우 찌르는 죄가 되었고, 저는 그 어느 때보다도 그리스도의 용서가 필요하다는 것을 알게 되었습니다.

(1번 회원에게): 이번 주에 당신의 죄에 대해 성령께서 당신에게 주신 경고는 무엇인가요?

1번 회원: 조금도 의심의 여지가 없는데, 저의 참을성 없는 성격입니다. 제가 아침에 출근하기를 기다렸다는 듯이 어떤 바보가 쓰레기를 잔뜩 제 책상 위에 버려놓고선 제가 치우기를 기대하는 것 같다는 생각이 듭니다. 제가 10까지 세려고 노력하고 때로는 그렇게 합니다. 하지만 지난주에는 결국 폭발하고야 말았습니다. 세 사람에게 돌아가면서 화를 내고 말았거든요. 저는 제가 그렇게 하였을 때, 제가 무엇을 하고 있는지를 알고 있고, 제가 해서는 안 된다는 것을 알고 있으며, 성령께서 그렇게 하지 않도록 모든 단계마다 경고하고 있다는 것을 압니다. 하지만 저는 그냥 그렇게 하고 맙니다.

리더: 이것은 정말로 당신에게 문제가 되는 것으로 보입니다. 지난 3개월 동안 비슷한 이야기를 적어도 6번 이상 말하신 것 같습니다. 어떤 면에서 그것은 당신이 그것을 극복하도록 돕기 위해 하나님의 은혜를 기다려야 하는 문제입니다. 적어도 당신은 그것을 알고 있고, 당신 사무실에는 다른 사람의 인내심을 시험하는 사람들이 분명 있을 것입니다. 그러나 당신에게 잘못이 있다는 경고를 받고 있으니, 당신은 그것을 극복하기 위해 노력해야 할 것입니다.

이른 아침에 멍한 상태로 있는 것과 뭔가 관련이 있지 않을까요? 만약 당신이 침대에서 화장실로, 사무실로 비틀거리며 걸어갈 때, 당신은 정신 차리고 살라고 당신에게 요청하는 사람들에게 덤벼들 만반의 준비가 되어 있는 것이 아닐까요? 아침에 한시간 일찍 일어나는 것에 대해 생각해 보진 않으셨나요? 아침기도를 향상시킬 수 있고, 훨씬 맑은 정신으로 직장에 도착하실 겁니다. 그리고 날마다 저녁을 어떻게 지낼 것인지 미리 잘 계획해 놓으면, 수면 패턴을 조정하는 것이 그리 어렵지 않을 것입니다.

1번 회원: 아, 그것에 대해서 잘 모르겠어요. 저는 아침마다 더욱 서둘러서 하려고 모든 것을 시도해 봤습니다.

리더: 그저 제안일 뿐입니다. (2번 회원에게): 그리고 당신은 이번 주에 어디에서 자신의 죄를 더 많이 알게 되었나요?

2번 회원: 죄송스럽게도 저의 교만이라고 고백해야만 할 것 같아요.

리더: 조금 더 말씀해 주실까요?

2번 회원: 적어도 아직은 말씀드릴 수가 없을 듯싶습니다.

리더: 괜찮습니다. 하지만 다음 주에 우리와 뭔가를 공유할 수 있겠다는 생각이 드시면, 꼭 나누어주시길 부탁드리겠습니다. 당신은 매우 예민한 정신을 가지고 있어서 우리가 이 조항을

다룰 때 항상 당신의 통찰력으로 저를 도와주고 있습니다. (3번 회원에게) 그리고, 이번 주에 어디에서 길을 잃으셨나요? (회원들로부터 웃음이 터짐).

3번 멤버: 글쎄요, 모두가 기대하고 계신 것처럼 이번 주에 정말로 또 넘어졌습니다! (더 많은 웃음).

1번 회원: 당연한 거 아닌가요.

5번 회원: 이번엔 또 뭐죠?

리더: 요점은 지금이 바로 영적 보살핌을 책임지는 시간이라는 것입니다. 더 말씀해 보세요!

3번 회원: 그러니까, 저는 우리가 하나님과 이웃에게 의식적으로 죄를 짓는 것을 피하기 위해 성령께서 주시는 경고를 구해야 한다고 명시된 조항을 알고 있습니다. 그러나 여러분 모두는 그 소리가 제게 부담이 되리라고 생각할 겁니다. 저는 실수를 하고 나서야 그렇게 한 것이 얼마나 어리석은 짓이었는지 깨닫곤 합니다.

그러니까 지난주 직장에서 우리는 약간의 소란이 겪었습니다. 저는 시내에 있는 새 건물의 6층에서 일하고 있는데, 열린 창문을 통해 제가 있는 곳에서도 말다툼 하는 소리가 들렸습니다. 건물 청소 계약을 받고 싶어 하는 어떤 베트남 사람이 1층에 있었습니다. 그들이 좋은 가격을 제시하고 있는 것으로 보였지만, 계약은 다른 모든 건물을 담당하는 회사와 진행될 예정이었습니다. 제가 아는 한, 이 베트남 사람들은 일을 잘합니다. 저는 그 사람들이 청소를 하는 곳에 카펫을 깔았었는데, 2년이 지난 후에도 여전히 새것과 같습니다. 저는 그 사람들을 위해서 한마디 보태주기 위해 내려갈 수 있었습니다. 그러나 그것이 6층 아래에서 일어나는 일이고, 내려간들 무슨 소용이 있겠나 싶었습니다. 그게 그날 밤 저를 괴롭혔습니다. 제가 내려갔어야 했습니다. 제가 무언가 말을 해주어야 했습니다. 그들은 공정한 기회를 얻지 못했습니다. 제가 그것을 날려버린 셈입니다.

리더 (잠시 침묵 후): 그러한 것을 말씀해 주셔서 감사합니다. (4번 회원에게) 이번 주에 당신은 당신의 죄를 어떻게 알게 되었나요?

4번 회원: 제게는 정말로 언짢은 한 주였습니다. 저의 엄마 때문입니다. 엄마는 계속해서 제가 요 몇 년간 자신에게 좋은 딸이 아니었다고 말합니다. 그러나 그건 사실이 아닙니다. 제가 해야 할 일을 다하지 않았을 수도 있다는 것은 알고 있지만, 매일 엄마를 방문해서 씻겨드리고, 의사에게 모시고 가서는 모든 처방전을 받아주기도 합니다. 그런 일들로 인해서 저의 가정생활은 두 번째로 밀려나 있는 것이 사실입니다. 그런데도 지난주에 엄마는 제가 인정머리 없이 대했다고 화를 냈습니다. 이런 형편인데, 제가 용서를 구해야 할지 말지, 알지 못하겠습니다. 마음 깊은 곳에서 제가 엄마를 소홀히 하고 있다고 생각하지 않는데, 엄마가 그렇게 말할 때마다 저는 온통 회의가 들어요.

리더: 당신은 이 일로 정말 화가 난 것 같은데, 그렇지 않나요? 우리가 할 수 있는 일을 말해 보세요. 우리는 지금 당장 다루어야 할 다른 신앙서약을 남겨놓고 있습니다만, 어쩌면 우리 중 한두 명은 모임 후에 남아서 당신에게 그것에 대해 조금 더 들으면 좋을 것 같습니다. 누가 잠시 후에 더 남아 주시겠습니까? (4번 회원은 고개를 끄덕이고, 1번 회원은 기꺼이 머무를 의사를 보낸다.) 좋습니다. 자, 그럼 그렇게 하도록 하겠습니다.

(5번 회원에게): 그리고, 이 조항에 대한 설명을 어떻게 해주실 수 있으세요?

5번 회원: 사실 이번 주 저의 경험은 당신과 같습니다. 지난 주말에 우리 교회에서 새 비품과 카펫에 얼마나 많은 돈을 쓰는지 갑자기 생각이 났습니다. (3번 회원에게) 이걸 말하는 게 죄송합니다만, 당신이 계약을 했다는 것을 알고 있기 때문에 어쩔 수 없이 말하지 않을 수 없군요.

3번 회원: 괜찮습니다. 말씀해 보세요.

5번 회원: 우리가 교회 리모델링을 위해 모금하는 것의 절반만 기부하더라도 세계 기아에 대한 연간 기부금을 4배로 늘릴 수 있다는 사실에 놀랐습니다. 솔직히 저는 이것을 위원회로 가져가야 한다고 생각합니다. 저는 성령으로부터 이 경고를 받았기 때문에 여기에 순종하는 것 외에 다른 방법이 없다고 생각합니다.

리더: 대단한 경고를 하셨습니다! 아시다시피, 제가 조금 전에 말한 것과 같습니다. 우리는 신앙서약서의 이 부분에서 현재 우리의 모습보다 더 많은 일을 해야 합니다. 우리 그룹이 다음 주에 위원회에다 동의안을 제출해야 할 것 같습니다.

3번 회원: 카펫에도 불구하고, 원칙적으로 당신과 함께 합니다. 그러나 저는 그것이 아무 소용이 없을 것이라고 생각합니다. 그 위원회가 그것에 대해 결정을 내렸고, 그러면 그것으로 끝입니다.

리더: 어쩌면 그럴 수도 있겠지요. 하지만 어떻게 될지는 아무도 모르는 것이고, 적어도 우리가 왜 이 동의안을 제출하게 되었는지, 그리고 우리는 그저 성령의 역사하심에 순종하고 있다는 것을 그들이 알 수 있도록 하자는 것입니다. 만약 그들이 우리가 듣는 것과 같은 말을 듣는다면, 그들이 그것을 어떻게든 잘 처리할 것이라고 생각합니다. (전체 회원이 침묵으로 승인한 다.)

아주 좋습니다. 모두가 동의하신 것으로 알겠습니다. 우리 중에 누가 위원회 회의에 참석해서 그룹 프레젠테이션을 할 수 있는지 알아야 할 필요가 있습니다. 이 모임 폐회 후에 그것을 결정하도록 하겠습니다.

(그러고 나서 리더의 재량에 따라 신앙서약서의 다른 조항들에 대해 순서대로 동일한 형식의 질문과 답변이 이어진다.)

리더: 이것으로 이번 주 신앙서약서에 있는 조항들을 마치겠습니다. 이제 우리는 공개조항들을 다루겠습니다. 지난주에는 누구도 헌신을 신앙서약한 사람이 없었던 것으로 기억합니다만. (그룹이 모두 고개를 끄덕인다.) 다음 주에 개인적인 신앙서약을 하기를 원하는 사람이 있나요?

1번 회원: 네, 있습니다. 저는 하나님과 신앙서약을 맺고 다가오는 주간 동안에 사무실에서 화를 내지 않음으로써 그룹에 대한 책임을 다하겠습니다.

5번 회원: 저도 하나 있습니다. 저는 하나님과 신앙서약을 맺고 이번 주에 세계기아를 위해 50달러를 기부하고, 다음 주 모임 전에 관리위원회의 각 위원들에게 전화해서 우리의 우려사항에 대해 개인적으로 이야기함으로써 그룹에 대한 책임을 다하겠습니다.

리더: 그래도 목요일 모임에는 참석하실 거죠?

5번 회원: 아, 네. 그 일들은 추가로 하는 것입니다.

리더: 여러분의 협조에 감사드립니다. 다음 주에는 목사님께서 우리 모임에 참석하여 성찬식으로 마칠 것을 허락하셨습니다. 이번 주 모임을 끝낼 텐데, 공개기도 시간을 갖기 전에 우리의

관심사들에 대해 다시 한 번 의견을 모아 주시기 바랍니다.

(그룹 회원들이 몇 가지의 관심사들을 제시하는데, 그중 하나는 4번 회원과 그녀의 어머니를 위한 것이고, 그중 하나는 베트남 청소부와 취업하기가 힘든 모든 이민자들을 위한 것이며, 그중 하나는 교회 리모델링에 대한 그룹의 관심을 관리위원회에 제출한 다음 그것이 잘 처리될 수 있도록 기도하자는 것이고, 리더가 이것들을 주창하면, 전체 회원들이 "주님께서 우리의 기도를 들으십니다."라고 응답한다.)

리더: 이제 평안히 가시고, 하나님과 우리 이웃을 섬깁시다. 우리는 그리스도의 이름으로 보냄 받은 것이기 때문입니다. 아멘.

떠나기 전에, 다음 주에 누가 리더를 맡아줄 것인지 결정해야 합니다. (1번 회원이 자원한다.) 우리는 같은 시간에 여기 교회, 이 방에서 만나도록 하겠습니다. 그리고 우리가 성찬으로 끝낼 수 있도록 목사님께서 우리와 함께 하신다는 것을 기억하시기 바랍니다. 마지막으로, 다음 주 목요일 위원회에 참석하여 우리의 결정을 보고해 주실 수 있는 사람이 누구시죠? (3명의 회원이 할 수 있다고 표명한다.) 좋습니다. 오후 7시에 이 방에서 만나기로 하겠습니다.

(4번 회원과 1번 회원에게): 이제 어딘가에 가서 커피 한

잔 마시고 당신 어머니에 대해 이야기해 봅시다. 그 일은 정말
마음에 큰 부담이 되겠어요.

제8장

그룹 리더십

신앙서약 그룹에서 지도자의 역할은 연습을 통해서만 배울 수 있다. 하지만 그럼에도 불구하고 그 과정을 촉진할 수 있는 몇 가지 지침이 있다. 가능한 한 그것들을 앞의 대화들과 결부시켰고, 요약하는 것은 아무 가치가 없다.

1. 그룹 모임 지도하기

리더는 그룹의 목적이 신앙서약을 통해 회원들을 영적 보살핌을 책임진다는 것에 있다는 것을 항상 명심하여야 한다. 모임의 진행을 지나치게 엄격하게 만들 필요는 없지만, 그렇다고 해서 대화가 일반적이거나, 일상적인 관심사로 빠지도록 허용해서도 안 된다.

대화의 흐름은 항상 통제되어야 한다.

리더는 영적 보살핌을 책임지는 과정에서 각 사람이 가능한 한 충분히 자신의 생각을 나눌 수 있도록 해야 하는데, 필요에 따라서는 말이 없는 회원에게 말을 하도록 유도하고, 수다스러운 회원은 제지시켜야 한다. 리더는 대화에서 물러나 있으면 안 된다. 가끔은 다른 회원들끼리 대화하는 것이 모임의 자연스러운 모습으로 허용되기도 하지만, 리더는 가능한 한 속히 교리문답식 교사의 역할을 회복해야 한다.

모임의 일반적인 어조는
강하기보다 예의 바르게 해야 한다.

그룹이 깊은 영적 나눔으로 들어가게 될 때가 있을 것이다. 이것은 그룹이 자신의 역동성을 발전시켜 감에 따라 증가될 수밖에 없는 것이기 때문에 실망할 필요가 없다. 그러나 그것이 모임의 목적이 되어서는 안 된다. 리더는 그룹이 신앙서약에 대한 영적 보살핌을 책임지는 모임 시간 동안에가 아니라, 그 이후에 더 강도 높은 영적 나눔이 일어난다는 것을 인정해야 한다. 동시에 두 가지를 모두 수행하는 그룹이 높은 수준의

응집력을 얻게 되는데, 이는 신앙서약 그룹들이 쉽게 얻을 수 있는 것이 아니다.

개인적인 문제들

개인적인 문제들이 신앙서약 그룹 모임 중에 자주 언급될 텐데, 회원들이 그것을 말하는 것이 제지당한다고 느끼지 않도록 해야 한다. 또한 그룹의 다른 구성원들도 이것이 모임을 방해한다고 여겨서는 안 된다. 그러나 리더는 이것 때문에 그룹이 신앙서약 문답에 지장을 초래하도록 허용해서는 안 되고, 해당 회원이 더 많은 시간을 끌기 전에 모임의 주제가 제자리로 돌아가도록 이끌어야 한다. 이것은 개인의 문제를 보다 더 자유롭게 공유하게 할 뿐만 아니라, 그룹의 회원들이 다룰 만한 자격이 없는 상담에 참여하게 되는 것을 예방하기도 한다. 공식 모임 이후 개별 회원들과의 비공식 모임은 개인적인 문제들을 목사에게 의뢰할 필요가 있는지의 여부를 판단할 수 있는 기회를 제공한다.

권면과 격려 그리고 책망

신앙서약 모임에서 리더의 역할은, 결국 어떤 모임에서든 그 자리에 있는 사람에게 적절한 피드백의 책임을 맡기는 것이다. 그러나 영적 책임적인 상호 보살핌에 대한 헌신과 리더의 역할이 순환한다는 사실은, 각 회원을 지도하거나 칭찬하거나 혹은 징계하고자 할 때에 적절한 표현으로 훨씬 쉽게 말하도록 해준다. 매번 리더가 누구든지 이렇게 하면 할수록, 그 그룹은 자체의 책임감으로 더욱더 솔직해지게 된다.

2. 책임적인 영적 보살핌 그룹 유지하기

리더의 임무는 가끔 신앙서약 조항들을 적당히 넘어가거나 적어도 진지하게 다루지 않는 것이 좋겠다고 확실하게 판단이 되는 경우, 그 그룹으로 하여금 보다 정확하게 영적인 보살핌을 책임지도록 조치하는 것이다. 다음의 사례는 발생할 수 있는 문제의 종류와 그것에 적절한 리더십의 대응을 보여준다.

자비의 행위

선을 행하기

어떤 한 그룹의 회원들이 다른 사람들을 섬기기 위해 무엇인가를 해야 한다고 반복적으로 말하면서도, 정작 자신들은 그것을 하지 않고 있다고 생각하는 지점에 도달하게 되면, 리더는 그 그룹이 보다 구체적인 헌신을 수행하도록 이끌어가야 한다. 필요하다면, 바로 그 자리에서 교리교육을 중단시키고 어떤 결정을 도출하도록 할 수 있다.

이와 관련하여 두 가지를 언급할 필요가 있다. 첫째, 신앙서약 그룹은 그 자체가 사회적 행동이나 사회적 봉사를 위한 것이 아니다. 교회들은 은혜의 수단을 위하여 영적인 보살핌을 책임지는 핵심으로서 그 기능을 수행하는 신앙서약 그룹과 함께, 이미 이러한 목적을 위한 다른 그룹들이나 프로그램들을 가지고 있어야 하며, 어쩌면 이미 가지고 있을지도 모른다. 둘째, 신앙서약 그룹 회원들은 의도적으로 열려 있는 하나님의 은혜 덕분에 더 많은 사회봉사와 사회적 행동에 거침없이 빠져드는 것을 자각하게 될 것이다. 리더는 이것을 그룹 생활의 표준적인 발전으로 인식하면서 도움이 필요한 사람들과 관련된 성령의 역사를 분별하고 순종해야 한다.

죄를 피하기

죄를 피하는 문제에 대해 더 구체적으로 다루어야 할수록, 리더는 영적 분별에 더욱 주의할 필요가 있다. 틀림없이 그룹의 이해관계와 영적 상호 보살핌의 책임에 대한 문제가 죄가 될 수 있다. 그러나 정신장애뿐만 아니라 마약과 같은 전문적인 도움이 요구되는 개인적인 문제들이 물론 더 많이 있을 것이다.

이 점에서 신앙서약 교리교육의 "예의(politeness)"가 매우 중요하다. 왜냐하면 그것은 그룹들이 그 회원들의 역량 안에서 기능할 수 있도록 하기 때문이다. 역량이 닿은 한, 심각한 문제가 있는 회원들이 적절한 도움을 구하도록 안내받을 수 있게 하는 관심과 더불어 "사랑 안에서 영적으로 서로를 보살피는 일"을 계속해야 한다.

경건의 행위

예배

만약 그룹의 누군가에게 정기적인 예배 참석이 힘들게 된다면, 회원들은 서로 짝을 이루어 이 은혜의 수단을 지키도록 책임적인 영적 보살핌을 실천할 수 있다.

성찬

마찬가지로, 만약 회원들이 성찬이라는 은혜의 수단을 사용하지 않는다면, 리더는 그룹이 성찬을 받도록 조치를 취해야 한다. 회원들은 적어도 일주일에 한 번 이상은 성찬을 받아야 한다.

기도

만약 회원들이 계속해서 기도의 신앙서약을 지키지 못하고 있다고 보고한다면, 리더는 보다 구체적인 접근방식을 제시해야 한다: 기도일기 작성, 특별 기도훈련, 공동기도팀 구성, 고전적 기도훈련 특별 교육 등.

성경

마찬가지로, 만약 매일 성경을 읽는 것이 그룹에 문제가 되는 것으로 확인되면, 리더는 주석을 사용하게 하거나, 일일 경건 지침서를 사용하도록 구체적인 학습과정을 제시해야 한다. 필요하다면, 각 회원이 특정 구절들을 읽도록 책임적인 영적 보살핌을 실시할 수 있다.

친교

매주의 신앙서약 그룹 모임 자체가 신앙서약서의 친교와 관련된 조항을 성취했다고 볼 수 있다. 하지만 리더는 각 회원들로 하여금 이것이 단순한 친목 모임이 아니라, 확실하게 책임적인 영적 보살핌을 핵심으로 간주하도록 해야 한다.

금식

금식이라는 은혜의 수단과 관련된 문제는, 현대 문화에서 금식이 흔히 일시적으로 유행하는 다이어트로 간주된다는 것이다. 그렇기 때문에 모든 일에 절제를 통해 자신의 몸을 돌보겠다는 일반적인 결단으로서 신앙서약에 금식을 포함시키는 것이 우선은 도움이 된다. 그룹이 금식의 규칙들을 발전시킴에 따라 회원들은 금식을 영적 훈련으로 받아들이기를 원할 수 있으며, 그에 따라 그 조항을 수정할 수 있다.

3. 그룹의 리더십

앞에서 언급되었듯이, 그룹의 회원 중에서 누구든지 "리더"가 될 수 있다는 것을 기억할 때, 책임적인 영적 상호 보살핌의 원리가 훨씬 더 강력하고 명확하게 드러나게 된다. 신앙서약 제자훈련 그룹과 초기 감리회 속회의 중요한 차이점은, 오늘날의 우리들이 18세기 신앙의 선배들이 상상할 수 있었던 것보다 더 많은 은사와 재능을 하나님의 새 시대 도래를 위해 사용할 수 있다는 것이다. 그리고 이러한 은사 중에는 더 나은 교육의 이점들과 자유 사회의 누적 효과들(cumulative effects)이 있어서 우리 각자에게 상호 작용할 수 있는 능력을 제공해 준다.

리더십 세우기

그러나 이것은 그룹의 어떤 회원들이 특별히 신앙서약 제자훈련 그룹들에 적합한 리더십 자질들을 갖추지 못했다는 것을 의미하지 않는다. 영적 분별력, 인간적 감수성, 조직능력 및 목회 관심의 자질들이 매주 모임에서 드러나게 될 것이다. 이 경우, 그러한 사람들은 자신들의 리더십 잠재력을 개발하도록 권장되어야 한다.

연락 담당자

이것을 정하는 좋은 방법은 그룹들이 전체 회중에게 소개되자마자, 각 그룹마다 목회적 차원에서의 감독 및 행정을 위해 목회자와 연락할 수 있도록 그 그룹의 회원들 중 한 명을 지명하게 하는 것이다. 한 사람이 그렇게 지명되면 모든 회원들과 더 쉽게 소통할 수 있게 되고, 특히 각 그룹의 진행 상황에 대해 목사에게 모니터링의 기회를 줄 수 있게 된다.

이렇게 지명된 회원들을 연락책 또는 연락 담당자로 임명함으로써 매주 모임들에서 리더의 역할이 계속해서 공유되고, 상호 공동의식이 유지된다. 이 사람을 그 그룹의 리더십으로 자연스럽게 세울 수도 있다. 그러나 예컨대 그룹을 위한 연락책이나 연락 담당자가 매주 모임에서 고정 리더로서 자연스럽게 리더십이 드러나는 경우도 있다.

실제로 신앙서약 그룹을 만든 이후 몇 달 동안 허둥대지 않으려

면, 이 연락 담당자를 리더십으로 세우는 것이 필요한 그룹들이
있다.

영적 "근육"

  이것은 웨슬리와 그의 설교자들이 초기 속장들과 가졌던 형식
적인 관계에 대한 권고가 아니라, 무언가 매우 유사한 것이
일부 교회들에서 아주 자연스럽게 발전할 수 있음을 제시하려는
것이다. 회중 생활의 다른 측면과 마찬가지로, 이것이 은혜롭게
받아들여지거나, 함부로 낭비되는 성령의 한 은사가 될 수 있다.
그러나 신중한 목회자들과 민감한 신앙서약 그룹들은 무슨 일이
일어나고 있는지 알고, 그에 따라 반응할 것이다. 매주 모임에
의해 이렇게 육성된 리더십은 사실상 교회의 영적 "근육"이
될 것이다.

제9장

전체 회중에게 신앙서약 그룹 공개하기

 시범 그룹이 몇 달 동안 모임을 가지고 나면, 전체 회중이 참여하도록 초대할 때가 온다. 회중의 소수만이 이 초대에 응답할 것이라는 점을 염두에 두어야 한다. 하지만 모든 사람들을 대상으로 초청의 대상을 확대하는 것이 아주 중요하다. 그렇게 하는 것이 많은 회원을 모집할 수 있을 뿐만 아니라, 그와 동시에 이 그룹들이 배타적인 의도를 가지고 만들었을 것이라는 회원들 사이에서의 불필요한 오해도 없애줄 것이다.

1. 신앙서약 그룹의 주말

 이러한 초청을 하는 가장 좋은 방법은 특정한 주말에 신앙서약 그룹이 전체 교회의 생활과 사역에 도입될 것이라고 미리 광고하는 것이다. 이것을 확실하게 잘 광고해야 하고, 참석의 초대는 개인들과 공식적인 교회 기관을 통해 진행하면서도 사적인 관계를 통해 가능한 한 최대로 넓혀야 한다.

금요일: 비공식 간증

금요일 저녁에는 교회 전체 모임으로 시작하는 것이 좋다. 할 수만 있다면, 각자 준비한 음식을 가지고 와서 함께 저녁을 먹고, 목회자나 강사를 초청하여 그룹에 대해 자세히 설명을 들을 수도 있고, 시범 그룹은 지금까지의 신앙서약 그룹에 참여해서 경험한 이야기를 나눌 수도 있다. 특히 신앙서약 그룹에 대해 지속해서 의심하거나 반대하는 사람들에게 오해가 풀리도록 질문을 받고 답변함으로써 좋은 시간을 보낼 수도 있다. 시범 그룹에서 이것들을 철저하게 검토했고, 전체적으로 모임의 내용이 신앙적이며, 교회의 모든 사람에게 강요하지 않을 것이라는 점이 밝혀지면, 모두가 안심하고 신앙에 매우 도움이 될 것이라고 생각할 것이다.

토요일: 훈련 워크숍

토요일에는 가급적이면 오전과 오후 두 번의 훈련 워크숍을 진행하는 것이 바람직하다. 첫째, 그룹의 배경이 되는 신학으로 감리회 신학전통을 따르고 있다는 것을 설명할 수 있다. 둘째, 시범 그룹의 회원들이 짧은 역할극을 준비해서 그룹이 어떻게 진행되는지 설명할 수 있다. 이런 식으로 모임의 교리교육 방식이 전혀 위험한 것이 아니고, 오히려 공동의 신앙여정에서 동지애를 보장한다는 것을 보여줄 수 있다. 역할극은 또한 책임적인 영적 상호 보살핌의 가치를 설득력 있게 보여줄 수 있다. 다른 사람들이 그러한 역할극을 통해 시범 그룹 회원들로 가입하도록 초대될 때, 거의 언제나 즉석에서 자원하는 경우가 있게 되는데, 그것은 제자훈련에 대한 커다란 관심뿐만 아니라, 마음과 영혼이 같은 사람들과 함께하려는 필요성 때문이다. 그것은 비록 훈련의 맥락에서이지만, 그리스도인의 여정이 고독한 것이 아니라는 발견, 그 길을 따라가면 실제로 동반자가 있다는 것을 발견하는 일이다.

주일: 신앙서약으로의 초청

주말에는 예배에 철저히 초점을 맞추면서 주일 아침에는 신앙서약 그룹에 가입하도록 전체 회중을 초청한다. 이를 위해 몇 가지 사항을 세심하게 살펴야 한다.

예배순서

예배순서는 예배의 초점이 사람들로 하여금 자신들의 새로운 형태의 '영적 상호 보살핌을 책임지는 제자훈련'을 받도록 초청하는 것임을 분명하게 보여주어야 한다. 찬송가는 하나님의 뜻에 대한 섬김과 순종에 강조점을 두는 곡들로 선정해야 하고, 설교 본문은, 예를 들면 마태복음 21:28-32이나, 빌립보서 2:12-13과 같이, 우리의 구원을 이루는 주제에 초점을 맞추어야 한다.

주보

예배 순서지에는 설교 후에 그룹 회원에 가입하겠다고 공개적으로 서약하는 초청의 시간이 있을 것이라는 명확한 문구가 있어야 한다. 이 주보에는 신앙서약 샘플(본문 쪽 참조)이 인쇄된 간지를 넣어주어야 한다. 초청장을 작성하기 전에 목사는 사람들이 그 샘플을 참조해서 신앙서약의 내용을 알 수 있도록 해주어야 한다. 간지의 내용은 단지 샘플에 불과하다는 사실을 분명히 알려주어야 하며, 페이지 하단에는 각자가 그룹에 가입여부를 기입할 수 있도록 서명란을 두어야 한다.

초대

이 초대는 어떤 압력이나 조작이 없이 이루어져야 하고,

목사(들)와 함께 공개기도에 함께하도록 제단 앞으로 불러내는 형식을 취해야 한다. 이러한 목적을 위해 적절한 것으로 웨슬리의 신앙서약 예배(covenant service) 기도문을 참고할 수 있다:

나는 더 이상 내 자신의 것이 아니라, 당신의 것입니다.
당신의 뜻대로라면 나를 어디에 두시든,
당신의 뜻대로라면 내가 누구와 함께 하든,
내가 하는 일도, 내가 받는 고통도,
당신을 위해서 내가 쓰임을 받게 하시든지,
당신을 위해서 나를 버리소서.
당신을 위해서 내가 높임을 받든지,
당신을 위해서 내가 낮아지든지,
나를 채우시고, 나를 비우소서.
내가 모든 것을 가지게 하소서,
내가 아무것도 가지게 하지 마소서.
나는 자유롭고 진심으로 모든 것을
당신의 기쁨과 처분에 맡깁니다.
그리고 이제, 영광과 축복의 하나님 성부, 성자, 성령이신
당신은 저의 것이고, 나는 당신의 것입니다.
그리 되게 해주소서.
그리고 내가 땅에서 맺은 신앙서약,

그것이 하늘에서 허락받게 하소서.
아멘.

가입을 원하는 사람들은 주보에 끼워진 간지에 서명하고, 목회자와 함께 헌신의 기도를 드리기 위해 앞으로 나갈 때, 그것을 제단 앞으로 가져오게 해야 한다. 서명된 간지는 앞에 나온 모든 사람에 대한 기록으로 남게 된다.

초대에 대한 두 가지 보충설명

회중들 중에는 어떤 이유가 있어서 예배시간에 앞으로 나가는 것이 어려운 성도들이 있을 수 있다. 그렇기 때문에 예배가 끝나면 서명한 주보의 간지를 안내위원에게 넘겨주거나, 나중에 교회 사무실에 제출해도 된다고 광고해야 한다. 이런 식으로 모든 사람들을 초대해야만, 어떤 이유가 있어서 예배에 불참한 사람들도 참여할 기회를 갖게 된다.

또한 토요일 워크숍이 끝날 때, 이 초대에 대한 설명을 해주어야 한다. 이 훈련 세션에 참석한 사람들은 그룹의 핵심을 구성할 사람들일 가능성이 매우 높고, 그 다음 주일날 예배시간에 앞으로 나갈 때 솔선수범하도록 부탁해야 한다. 회중들 속에서 그들의 움직임이 다른 사람들로 하여금 앞으로 나갈 수 있도록 촉진할 것이고, 그들의 공적 헌신 행위는 그들 자신과 교회 전체를 위해 중요한 증인으로 자리매김 될 것이다.

신앙서약 기도 이후

그런 다음 사람들에게 자리로 돌아가도록 요청하고, 그날 늦게 또는 다음 주중 저녁에 열릴 후속 모임에 대해 광고해야 한다. 주일에 열리는 경우, 예배 중에 앞으로 나오지 않은 사람을 포함하여 모든 사람들이 참석하도록 권고해야 한다. 그 주 주말에 개최되는 경우에는, 앞으로 나왔던 각 사람에게 개인적으로 연락하여 참석을 요청해야 한다. 후속 모임의 목적은 그룹을 구성해서 정기적인 매주 모임을 시작하는 것임을 명확히 광고해 야 한다.

교회 전체에 초대가 이루어지면 바로 그 주에 그룹을 조직해야 하고, 가능한 한 속히 모임을 시작하도록 촉구해야 한다. 이렇게 한다고 해서 지나치다고 볼 수는 없다.

2. 그룹 조직하기

신앙서약 제자훈련 그룹의 본질과 역동성 때문에 회원자격에 있어서 개인의 성향이 다른 유형의 소그룹보다 그리 중요하지 않다. 그렇다 하더라도 가능하면 성격차이 때문에 나타날 수 있는 갈등들을 피하는 것이 도움이 된다. 다음의 방법이 그룹들을 시작할 때 쉽고 효과적으로 작용하는 것으로 밝혀졌다.

후속 모임

후속 모임은 넓은 방에서 이루어져야 하며, 벽을 돌아가면서 여러 곳에 A4 이상의 빈 종이를 붙여놓는다. 목사는 그룹의 목적을 다시 언급하고, 추가 질문을 할 수 있는 몇 가지 소개 발언을 한 이후, 그룹 모임을 언제 가질지 편리한 날짜와 시간을 물어야 한다. 그리고 이러한 것들이 그 자리에서 제안되는 것이므로 빈 종이 낱장들에 기입해야 한다. 가능한 모든 시간과 날짜가 눈에 띄게 드러나도록 해야 한다. 필요한 경우 더 많은 용지를 추가한다.

그런 다음 그 방에 있는 모든 사람들에게 가장 편리한 시간이 적혀 있는 용지에 서명하도록 요청해야 한다. 이것이 상당한 활기와 유연성을 주는데, 사람들이 가장 좋은 날과 시간뿐만 아니라, 자신들이 더 좋아하는 동반자를 선택할 수 있게 하는 과정에서, 어떤 사람 혹은 어떤 그룹을 거부하는 모습을 보여주지 않을 수 있기 때문이다.

시범 그룹의 역할

이 과정은 또한 시범 그룹의 회원들을 각 그룹들로 분산시켜서 처음 몇 주 동안 리더가 없는 그룹이 생기지 않도록 하는 데 있다. 토요일 워크숍에서 여분의 리더십 자원들을 제공하려고 하겠지만, 그러한 능력을 발휘할 수 있는 사람이 없는 그룹이 있다면, 목사는 그러한 사람을 배정해야 할 것이다. 초기 단계에서 리더십이 없는 그룹은 목적의식과 헌신을 빠르게 잃어갈 것이다.

시범 그룹(들)의 회원들이 새로운 그룹들로 흩어지기보다는 그 그룹에 함께 남아 있기를 강력히 바랄 수 있다. 이럴 경우 즉각 수용할 수 있는 해결책은 시범 그룹 회원에게 몇 달 동안 "두 배"의 시간을 들이도록 요청하는 것이다. 다시 말해서, 기존 시범 그룹 회원들과 계속 만나면서 추가로 배정된 새로운 그룹 사람들이 신앙서약 제자훈련의 기초를 파악할 때까지 그들을 만나게 하는 것이다. 함께하기를 원하는 대부분의 시범 그룹 회원들은 추가 시간을 기꺼이 제공하려고 할 것이다.

3. 그룹 회원자격

이렇게 그룹의 조직화를 진행하는 도중, 그 구성원에 대해서 그리고 이어지는 지침에 대해서 수많은 질문거리가 생길 수 있다.

제한 없음

신앙서약 그룹의 회원자격은 연령이나 성별 또는 결혼 여부와 관련된 그 어떤 조건도 없다. 상황적인 이유로 한 그룹이 남성 또는 여성으로만 구성될 수 있겠지만, 대다수의 그룹들은 영적 보살핌을 상호 책임지는 제자훈련이 모든 사람에게 동일하게 적용되기 때문에 대부분이 남녀 혼합으로 이루어져 있다. 예를 들어, 어떤 부부들은 같은 그룹에 가입하는 것을 선호한다. 또 다른 부부들은 서로 다른 그룹에 있기를 바란다. 어떤 가족들은 같은 그룹에 함께 있기를 원한다. 그런가 하면 자녀들은 부모와 떨어져 신앙서약을 맺는 것을 선호하는 경우도 있다. 이와 관련하여 엄격한 규칙은 없다.

청소년을 위한 그룹

그룹들의 교리문답 과정에서 확인된 바로는, 신앙경험을 나눌 수 있는 시기보다 훨씬 이른 나이의 청소년들도 그룹을 조직하여 참여할 수 있다. 그래서 영적 보살핌을 책임진다는 그룹의 목적에 따라 교회 양육 프로그램의 중요한 부분으로서 11-12세 이상의 청소년들로 구성된 그룹을 조직할 수 있다.

이때 그러한 그룹에 대한 신앙서약 작성은 신중하게 이루어져야 하며, 특히 은혜의 수단에 관심이 있는 사람들과는 달리, 실제적인 제자훈련의 문제를 다루어야 하기 때문에 연장자들의 리더십이 발휘되어야 한다. 동시에 청소년들 사이의 영적인 보살핌의 상호 책임성과 리더십의 역량을 과소평가해서는 안 된다. 청소년의 신앙서약 그룹은 예상보다 더 빨리 자기감시(self-supervision)를 할 준비가 되어 있을 수 있다.

세대통합 그룹

어떤 가족들은 하나의 그룹에 함께 있기를 바라고, 또 다른 가족들은 각자 다른 그룹에 속하기를 원할 것이라는 사실에 대해서는 이미 언급했다. 따라서 성인과 청소년들로 함께 구성된 그룹의 가치에 대해 한마디 더 언급하고자 한다.

성인들이 영적 보살핌을 책임지는 그리스도교 제자훈련 교리문답 과정에 청소년들이 참여하는 것은 깊은 신앙발달 경험을 제공할 것이다. 사실 성인들 사이에서 청소년들에게 영적인 보살핌의 책임감이 부족하다고 인식하는 것은, 현대 교회에서 헌신적인 제자훈련 구성원들 중에 많은 청소년들을 잃는 중요한 이유이다. 만약에 어떤 청소년이, 남자든 여자든, 자신의 동료들과 신앙서약 그룹의 일원이 되고자 한다면, 결코 그만두게 해서는 안 된다. 그런가 하면 어떤 청소년이 성인과 함께 그룹의 일원이 되고 싶어 할 때에도 실망시켜서는 안 된다.

성인들이 청소년들에게 영적 보살핌을 책임지는 것에 대해 거북해하거나 곤란함을 느낄 필요가 없다. 양자에게 이보다 더 유익한 것은 없다.

신입 회원 모집

일단 그룹이 조직되고 정기적으로 모임을 갖게 되면, 새로운 회원을 가입시키는 것이 임무 중의 하나가 되어야 한다. 이런 이유에서 새 그룹을 처음에 4명 또는 5명으로 제한할지라도 4명씩 2개 그룹으로 세분화하기 전에 약간의 확장을 허락하는 것이 가장 좋다.

새 회원을 받는 유일한 원칙은 신앙서약 헌신에 대한 모든 본질을 먼저 이해하고, 그룹이 사용하고 있는 특정 신앙서약에 기꺼이 서명해야 한다는 것이다. 때가 되면 신앙서약을 변경할 기회가 있지만, 새로운 회원을 받아들일 때에는 아니다.

이것은 새로운 사람이 그룹의 일부라는 사실을 부인하려는 것이 아니라, 그 사람이 부름 받은 그 그룹에서 영적 보살핌을 책임진다는 것의 본질을 강조하기 위한 것이다. 신앙서약을 언젠가 변경할 때가 오면 거기에는 함께 참여할 수 있을 것이다.

실험 방문

잠재 신입 회원에게는 가입 결정을 내리기 전에 그룹 모임에 3번 참석할 것을 요청해야 한다. 마찬가지로 실험 방문객들도 가입 여부를 결정하기 전에 3번만 참석할 수 있어야 한다. 그룹 모임들의 형식은 이런 성격의 방문객들이 편하게 적응할 수 있도록 해야 한다. 그러나 그룹 헌신의 특성상 가입을 결정하지 않은 사람들에게는 참여를 제한할 필요가 있다.

방문객들이나 잠재 회원들이 교리교육 과정에 참여할 것인지, 아니면 관찰할 것인지, 선택하도록 해야 하는데, 이것이 방문을 3회로 제한하는 또 다른 이유이다.

제10장

반론과 답변

그룹이 회중에 소개되면, 노골적인 비판은 아니더라도 의심이 있을 수 있다. 반론들은 보통 여섯 가지의 큰 범주로 나뉘며, 각 범주마다 적절하게 답변할 수 있다.

1. 신앙서약 그룹은 엘리트들의 모임이다.

반론

사람들이 어떤 형태의 영적 활동을 위해 소그룹으로 모일 때, 그들과 교회의 모든 사람들 사이에 어떤 차별을 보여주는 것이라고 느끼는 사람들이 있다. 그리고 그러한 구별을 보면서 내릴 수 있는 단적인 결론은 그 사람들이 자신들을 우월하다고 생각한다는 것이다.

답변

이에 대한 대답을 하자면, 영적 우월성을 가지고 있다는 것은 말이 안 되는 것이고, 신앙서약 그룹의 구성원들이 자신들 스스로의 힘으로는 제자훈련을 유지할 수가 없기 때문에 서로에게, 그리고 몸 된 교회에 고백하기 위해 모인 것에 불과하다는 것이다. 오히려 그들에게는 **자신들의 믿음의 본질을 유지하기 위해** 다른 사람들의 도움과 지원이 필요하다! 만약에 이것이 우월성이라면, 그건 영적 결핍의 우월성이다.

1부에서 언급했듯이, 현대사회에서 신앙서약 그룹과 가장 유사한 모임으로 집단치료 단주회(Alcoholics Anonymous)나 체중 감시자(Weight Watchers)와 같은 단체들을 들 수 있는데, 이 단체들은 동일한 문제를 가진 사람들이 모여서 다른 사람들의 도움을 통해 공통의 약점을 고백하고 극복하기 위해 노력한다. 신앙서약 그룹의 구성원들도 마찬가지로 공통적인 약점, 즉 예수 그리스도의 순종하는 제자가 될 수 없음을 고백한다. 비록 그들이 그리스도 안에서 하나님과 화해하도록 회복되었지만, 웨슬리가 "타고난 죄(inbred sin)"라고 묘사한 것과 같이, 하나님의 은혜를 베푸시는 계획에 여전히 저항하는 오래된 본성이 남아 있다. 신앙서약 그룹 구성원들의 특징은 이러한 약점을 인식하고, 이것을 극복하기 위한 몇 가지 기본 단계를 밟는 것이다. 그들이 사랑으로 서로를 보살피는 것의 중요성을 보았기 때문에 바로 이런 영적 결핍이 있는 것이지 우월감과는 거리가 멀다.

2. 제자훈련은 신자와 하나님 사이의 개인적인 문제이다.

반론

하나님과의 관계가 인격적이고 사적인 것이며, 자신들의 제자훈련도 마찬가지이기 때문에, 다른 사람들에 대해 책임적인 영적 보살핌을 실행하지 않으려는 사람들이 있다. 그래서 그들은 하나님께 대한 순종은 개인적인 문제이고, 하나님 외에는 누구에게도 영적 보살핌을 책임질 필요가 없다고 주장한다.

답변

이 반론에 대한 답변은, 그것이 서구 교회에서 가장 만연한 질병들 중의 하나를 보여준다는 사실에서 시작되어야 하는데, 그 기원은 지난 300년 동안의 신학적, 문화적 역사까지 거슬러 올라간다. 제자훈련이라는 것이 과연 개인적인 문제였을까? 그렇지 않다. 그리스도인의 삶은 하나님에 대한 책임이요 이웃에 대한 책임이다. 죄가 개인적인 것이고 사회적인 것인 것처럼,

제자훈련에 대한 부르심도 마찬가지이다. 그리스도인의 순종에 있어서 영적인 보살핌을 상호 책임진다는 것은 선택적인 것이 아니라, 헌신적이어야 한다는 것이다. 다른 한편, 사적인 제자훈련은 언제나 쉬운 길을 선택할 수 있다.

게다가 신앙서약 그룹들은 개인적인 고백을 강요하지 않는다. 모임들의 교리교육 형식은 회원들이 그룹과 공유하고 싶지 않은 내용을 공개하지 않으면서도 영적 보살핌을 책임질 수 있도록 한다. 물론 대부분의 경우, 나눔은 각 사람이 다른 사람을 도와줄 수 있기 위해서이다. 그런데 신앙서약 그룹들은 강도 높은 체험이 없이도 작동될 수 있고, 자주 그렇게 작동하기도 한다. 그들의 목적은 영적 보살핌을 책임지는 것이다.

3. 서면상으로 신앙서약을 확인하는 것은 불필요하게 형식에 사로잡히는 것이다.

반론

신앙서약 그룹들이 그리스도 안에서 신생(new life)의 표식인 제자훈련의 자유를 제한하고, 사람들을 불필요한 규칙과 규정에 묶어 놓는다는 이유로 가입에 반대하는 사람들이 있다.

답변

　물론 이 반론 역시 서구 교회에서 오랜 역사를 가지고 있으며, 오늘날 우리가 선택해 줄 것을 요구하면서 불편한 것을 거부하도록 가르치고 있는 소비주의 문화에 의해 강화되고 있다. 이것은 기술 사회가 동질화된 삶의 욕구불만을 해소하기 위해 사용하는 개인의 자유에 대한 기만적인 강조로 인해 더욱 강화된다. 그러나 그리스도인들에게 그러한 개인적인 자유들은 순종하는 제자훈련을 폄하하고, 인간 죄의 교묘함을 과소평가한다는 점에서 환상일 뿐만 아니라, 위험하다.

　그 문제에 대한 사실은, 교회의 역사를 통틀어 그리스도인들이 은혜의 수단을 완전히 신뢰할 만한 것으로 생각했다는 것이다. 그리스도인 개인의 헌신과 체험의 신뢰성과 변동성에 비하면, 이러한 경험 많은 습관은 절대적인 것이 아니다. 그리고 사람들이 자기모순의 한가운데에서 약속을 지키지 못할 수도 있기 때문에, 그것을 끝까지 지키기를 바라는 마음에서 계약서에 자신을 기꺼이 묶는 것처럼, 그리스도인들은 순종의 행위를 가능하게 하는 은혜의 수단에 기꺼이 묶일 필요가 있고, 그것 때문에 그리스도 안에서 하나님과의 관계가 유지되는 것이다.

　정작 제자훈련의 기본이 무엇인지에 대해 최소한의 헌신도 하지 않으려는 그리스도인들과 명백한 대조를 이루는 사실이지만, 사람들은 금융대출과 부동산 계약서에 얼마나 쉽게 서명하곤

하는가! 그리고 나서 그것을 상환하기 위해서 자신들의 생애의 수십 년을 희생해야 하는 경우가 얼마나 많은가!

4. "신앙의 거장(virtuoso religiousness)"에 대한 두려움

반론

반론의 네 번째 범주는 어쩌면 가장 이해하기가 쉬울지도 모른다. 자신을 아주 평범한 그리스도인으로 인식하고, 따라서 신앙서약 그룹에 속한 보다 "성인 같은(saintly)" 사람들과 비교되어 "드러날 수밖에(shown up)" 없는 사람들의 열등감이다. 이와 관련하여 상당한 피해를 보는 사람은 목사로, 영적 훈련에서 가장 많이 수행한 사람으로 간주되곤 하는데, 일반적으로 그렇게 볼 만한 아무런 이유가 없다.

답변

그룹들을 교회 생활에 소개하면서 가장 의미 있는 모습 중의 하나는, 이 "평범한" 그리스도인들이 "성도들"과의 첫 만남에서 자기들하고 똑같이 평범하다는 것을 발견할 때 엄청난 안도감을 드러낸다는 것이다.

이것은 특히 교회의 목사가 교리교육 과정에 참여하면서도 제자훈련의 일부 필수 요소를 소홀히 했을 경우에 그렇다. 예를 들어, 자기 교회의 목사가 매일의 기도생활이나 경건한 성경 공부를 유지하는 데 어려움을 겪고 있다는 사실을 알게 되는 것은 평범한 교인들에게는 고무적인 발견이 될 수 있다. 이것은 어떤 식으로든 목사의 목회자로서의 입지를 약화시키는 것은 아니다. 오히려 이것은 자신을 그리스도인의 삶에 동행하는 순례자로 확인시켜 줌으로써, 신앙과 제자훈련에 대해 확신이 부족한 사람들에게 용기를 준다.

마찬가지로, 회중 속에서 성인들처럼 간주되는 사람들도 새 빛 안에서 보이게 된다. 그리스도인 체험의 정도나 뜨거운 기도는 신앙서약 그룹에서는 중요한 것이 아니다. 여기에서 중요한 것은, 매 주마다 체험이나 신앙의 정도에 관계없이 제자훈련으로 영적인 보살핌을 책임지는 것이다. 순종의 길에서 수년간의 시행착오를 통해 제자훈련이 담금질된 사람들은 진정한 권위를 가지고 드러나게 된다. 그리고 "체험"을 강조하여 연약하고 불확실한 그리스도인의 삶을 모호하게 만드는 경향이 있는 사람들은 신앙의 본질을 회복해야 한다.

5. 신앙서약 그룹은 성령의 자유를 부인한다.

반론

이런 범주의 반론이 흔히 성령의 능력 안에서 훌륭한 그리스도인 제자훈련을 선포하고 실천하는 사람들에게서 나온다는 것은 정말 아이러니가 아닐 수 없다. 특히 그것은 웨슬리가 두 번째 축복이라고 불렀던 성령의 세례를 받은 사람들에게서 나오는 것이다. 이 반론은 그리스도인 제자훈련 전체가 하나님의 거저 주시는 선물인 성령의 표현(an expression of Holy Spirit)이라는 강한 확신에서 비롯된다. 따라서 그러한 은혜를 받기 위해 시도하는 우리의 어떤 노력이나, 그것을 유지하기 위해 우리 자신의 노력이 필요하다는 어떤 암시는, 성령의 은사를 부인하는 것과 같다는 것이다. 사실 제자훈련의 의무들을 그렇게 강조하는 것은 우리가 성령의 능력을 기대하는 것을 방해한다. 그리고 우리가 기대하지 않은 것은 우리가 받지 못한다는 것이다.

답변

이러한 반론에 대한 답변은 두 가지이다. 첫째, 신앙서약 그룹들은 성령의 자유를 부인하지 않는다. 오히려 그들은 하나님의 다양한 영적 은사를 인정한다. 특별한 은사가 있어서 영적 상호 보살핌을 책임지지 않고서도 제자훈련의 순종을 유지하는 영적인 힘을 가지고 있는 사람들은 사실 신앙서약 그룹이 필요하지 않다. 그러나 그렇다고 해서 그것이 그렇게 영적인 힘이 부족한 사람들을 위한 그룹들의 타당성을 부인하는 것은 아니다.

둘째, 특별한 영적 은사를 가진 사람들이 순종하는 것에 매우 힘들어하는 사람들과 더불어 신앙서약 그룹에 참여하는 것이 은사들을 나누는 적절한 방법이 아닐 수 있는지의 여부에 대해 질문을 던져야 한다. 매주 점검을 받을 정도로 성령의 임재와 능력 안에서 안전함을 느끼는 것이 거의 참된 겸손에 근접해 있는 자부심의 표시가 될 수도 있겠지만, 그럼에도 불구하고 그것은 교만(pride)이다.

6. 한 그룹에 평생을 바쳐 헌신하는 것은 실행 불가능하고 비현실적이다.

반론

모든 반론 중에서 이것이 어쩌면 가장 정직할지도 모른다. 우리 사회의 유동적 특성을 감안할 때, 우리 중 누구라도 이런 종류의 헌신을 할 수 있는 위치에 있는 사람은 거의 없다는 것을 입증할 수 있다. 지킬 수 없는 약속을 하기보다는 기간을 정해 놓고 조건부 신앙서약을 맺는 것이 더 현실적이지 않겠는가? 만약 그룹이 미래의 어느 시기를 위해 신앙서약을 갱신하기를 원한다면, 그것은 언제든지 가능하다. 게다가 반론이 계속된다면, 한 개인의 욕구들이 평생 동안 바뀔 것이고, 그러면 이러한 특정한 형태의 헌신이 지속적으로 도움이 될 것 같지는 않다는 반론이 있다.

답변

이 반론이 실제적인 것으로 보이기는 하지만, 종종 높은 단계의 그리스도인 헌신에 근접한 사람의 마지막 저항이다. 이러한 반론은 그래도 정직한 편에 속한다.

첫 번째 대답은, 신앙서약 제자훈련 그룹에 가입하는 것이 하나의 특정 그룹이 아니라, 영적 상호 보살핌을 책임지는 훈련에 헌신하는 것임을 분명히 해야 한다는 것이다. 당연히 사람들은 전국을 이사 다니고, 직장을 바꾸며, 교회를 바꿀 것이다. 그리고 당연히 사람들은 그리스도인 제자훈련을 통해 성장할 것이다. 하지만 신앙서약 제자훈련 그룹들은 그 제자훈련에 필요한 자비의 행위와 경건의 행위에 대해 영적 보살핌을 책임지기 위한 기본적인 수단인 것이다. 그 그룹들은 영적 보살핌을 책임지도록 부름 받은 사람들에게 안정의 수단(anchor)을 제공한다. 따라서 새로운 교회에 와서 해야 할 첫 번째 단계는 신앙서약 그룹에 가입하거나 시작하는 것이다.

두 번째 대답은, 상식 문제로 돌아간다. 그리스도가 길이요 진리요 생명이시고, 우리 자신을 성령의 은혜에 개방시키는 완성된 방법들이 있다면, 문제는 평생 헌신이 실행 가능한지 현실적인지가 아니라, 우리가 그것을 감당할 수 있는지의 여부이다. 그리스도교 제자훈련의 성장은 이런 기본적인 것들을 결코 넘어서지 않는다.

제11장

교회 생활과 사역에서의
신앙서약 제자훈련 그룹들

　전체 회중을 신앙서약 그룹에 가입하도록 초대하는 것은 그와 동시에 그들을 몸된 교회의 필수적인 지체로 만드는 것이다. 그러므로 실제로 가입하는 회원의 수에 관계없이 복음증거 하는 공동체의 생활과 사역에 대한 그들의 특별한 공헌을 확인하는 것이 중요하다. 그룹들은 교회의 숨겨지거나 신비한 요소가 되어서는 안 되고, 그 그룹들에 가입할 수 있는 기회가 정기적으로 제공되어야 한다.

제자훈련으로의 초대

　주일 아침 설교 말미에 그리스도인 제자훈련에 헌신하라고 초대하는 교회들이 많이 있다. 때로 이러한 초대는 신앙서약 그룹의 기여도가 한층 더 높은 교회에 적용될 수 있다. 이것은 사람들에게 그룹들의 본질을 인식하고 제자훈련을 심화시키고자 하는 사람들에게 기회를 준다.

신앙서약 명부

배랑(나르텍스, narthex : 교회 또는 성당의 건축물의 입구 혹은 신랑과 바로 연결되는 단층의 현관이나 회랑))에 탁자를 배치하고 그 위에 혹은 예배당 뒤쪽에 모든 신앙서약 그룹 회원들이 기입된 특별한 명부를 교회 안에 전시해 놓는다면, 조용하지만 효과적인 홍보가 될 것이다. 회원들이 그룹에 헌신한 날짜와 함께 별도의 페이지에 각각의 이름을 서명할 수 있는 공백 페이지들을 포함하여 멋있게 제본된 명부를 바로 확인해 볼 수 있도록 비치하는 것이다. 명부를 전시한 이유에 대한 간단한 설명과 함께 샘플 신앙서약을 명부의 시작 부분에 기입할 수 있다. 이런 식으로 전체 교회는 누가 어떤 그룹에 속해 있는지, 혹은 "신앙서약 그룹에 속해 있는지"를 알 수 있게 된다.

이 명부는 신입 회원이 가입할 때 공개적으로 헌신을 약속한 후, 그 명부에 이름을 서명하기 때문에 공적 증거로 사용될 수도 있다.

분기별 모임들

초기 감리회의 사라진 관습 중 하나가 신앙서약 그룹에게 성장의 기회를 제공했던 분기별 모임이다. 3개월에 한 번, 모든 신앙서약 그룹들이 각자 준비한 음식을 가지고 와서 예배를 드리고, 저녁식사를 함께하는 것은 아주 좋은 경험이 될 수 있다. 이것은 여러 가지 면에서 초기 감리회 애찬식(love feast)의 현대판에 해당한다고 볼 수 있다. 식사 후에 모두가 식탁에 머무르며 그룹들의 공개적인 간증 시간을 갖도록 한다. 각자 어떻게 영적 순례를 하고 있는지, 특별한 시련과 승리는 없었는지, 제자훈련의 새로운 길은 찾았는지, 세상에서의 새로운 봉사 방식은 무엇인지, 죄와 은혜에 대한 새로운 통찰력은 무엇인지 등, 실제로 공유할 필요가 있는 모든 것들을 간증한다.

이것은 또한 관심 있는 다른 교인들을 초대하고, 그룹의 집단 경험을 나누기에 좋은 시간이다. 대규모 모임은 종종 소규모 모임의 친밀함에서 일어나는 일에 대해 여전히 의구심을 가지고 있는 사람들에게 덜 위협적이고, 그룹들의 본질과 목적을 직접적으로 소개하는 방법이 될 수 있다.

신앙서약 주일

만약 감리회 교회력(Methodist year)에 신앙서약 그룹들을 위해 한 날을 정한다면, 그것이 바로 신앙서약 주일이다. 신앙서약 주일은 초기 감리회에서 작용했던 것처럼 더 이상 기능하지 않다(원래는 제야의 예배였다). 그럼에도 불구하고 그것은 신앙서약 그룹의 활동을 축하하고, 그룹들의 증언을 새롭게 할 수 있는 기회를 제공한다.

신앙서약 주일 예배 순서에는 전부는 아니더라도 **예배서(The Book of Worship)**에 나와 있는 **웨슬리의 신앙서약 예배 (Wesley's Covenant Service)**의 일부가 포함되어야 한다.[23] 신앙서약 주일은 사람들로 하여금 지난해의 제자훈련에 대한 평가를 하도록 하고, 앞으로 한 해 동안 신앙서약을 재차 다짐하게 한다. 예배 중 **신앙서약 기도(Covenant Prayer)**가 낭독되는 그 시점에 신앙서약 그룹에 속한 사람들을 앞으로 나오게 해서 회중을 마주보고 설 수 있도록 한다. 그와 동시에 모든 신입 회원을 앞으로 나오게 해서 헌신 서약하도록 한다.

그룹의 신앙서약 갱신하기

신앙서약 주일 예배 전에 각 그룹으로 하여금 신앙서약을 검토하게 해서 회원들이 필요하다고 생각하는 조항들을 조정하게 해야 한다. 이것은 그룹의 회원들이 지난해를 평가하고, 그들

---

23) *The Book of Worship* (Nashville: Methodist Publishing House, 1964).

이 얻은 새로운 통찰력을 반영해서 새롭게 영적 보살핌을 책임지도록 하는 이점이 있기 때문이다. 그룹들이 신앙서약 기도를 제출하라고 요청받으면, 각 그룹은 지속적인 헌신의 표시로 목사에게 갱신된 신앙서약 사본을 제시해야 한다.

교회를 위한 "근육"

앞서 언급했듯이, 웨슬리는 속회를 초기 감리회 운동의 "힘줄"이라고 설명했다. 오늘날 교회에도 "근육"에 대한 동일한 역할의 필요성이 있다. 근육은 몸 전체가 아니지만, 근육이 없으면 몸이 약하고 무력해진다. 게다가 건강하게 성장해야 하는데, 자칫 과잉 지방이 되어 회중의 목회 자원을 고갈시킬 수 있다.

그러나 아름답게 다듬어진 근육이 있으면 몸이 강하고 날씬하며 활동적이 된다. 이것은 신앙서약 제자훈련 그룹들이 위임받은 그리스도인들의 그룹들로 하여금 영적 보살핌을 책임지는 제자훈련을 받도록 할 때 일어나는 일이다. 한동안 사용하지 않은 모든 근육과 마찬가지로 여기에도 아픔과 통증이 있을 수 있다. 이러한 그룹들이 제공한 그 활동이 항상 유익한 것은 아닐 것이다. 그러나 장기적으로 보면, 그것들은 교회로 하여금 세상 속에서 회복시키고 신실하며 도전하는 제자훈련에 대한 준비를 갖추게 할 것이다.

그것은 또한 대가를 치러야 하는 값진 제자훈련이 될 수도 있는데, 이것을 위해 교회도 준비되어 있어야 한다.

그룹들의 영향력과 힘

무엇보다도 개체 교회에서 가장 중요한 것은, 그룹들이 전체 교인들을 위한 은혜의 수단이라는 점을 인식하는 것이다. "신앙서약을 한" 사람들이 영적 보살핌을 책임지는 제자훈련이라는 새로운 방식으로 그리스도의 은혜를 받기 위해 오는 것처럼, 그들의 생활과 사역의 일부로 그것들을 시작하고 육성하는 교회에 새로운 은혜가 충만하게 된다. 이것은 신앙서약을 한 사람들이 교회 동료 교인들보다 더 고결한 존재라는 것이 아니다. 단지 웨슬리의 은혜 교리에 대한 우리의 초기 연구에서 명백한 추론을 이끌어 내기 위한 것이다: 하나님의 은혜로운 주도권에 자신을 더욱 완전히 개방하는 사람들이 있을 때, 은혜가 교회라는 몸 전체를 통해 더욱 자유롭고 효과적으로 움직이게 된다.

말할 필요 없이 이러한 은혜의 표식들이 즉각적으로 확인되는 것은 아니다. 이것은 너무 쉽게 추측될 수 있는 신앙서약 그룹들의 차원도 아니다. 그러나 교회의 어떤 회원들이 헌신에 대한 부름에 응답하면서 영적 보살핌을 상호 책임지라는 명령에 자신들을 던질 때, 그 교회가 영적 하나님의 뜻에 더 잘 순응하는 것이고, 제자훈련의 모든 면에서 더 건강해진다는 것은 심오한 영적 진실이다. 그리하여, 그것은 증거하고 봉사하도록 부름 받은 공동체를 위해 더 큰 은혜의 수단이 된다. 적어도 이러한 것들이 웨슬리가 "성경적 구원의 길"이라는 제자훈련으로 부르심에 대한 이해였다.24)

---

24) Sermon, "The Scripture Way of Salvation," *The Standard Sermons of John Wesley*, ed. E.H. Sugden 2 vols. (London: Epworth Press, 1921), 2:442-460.

제12장

신앙서약 제자훈련 그룹들과
초기 감리회 속회

이와 같은 신앙서약 제자훈련 그룹 모델에 따라 속회를 운영한 독자들에게는 이 양자 사이의 차이점과 유사점을 요약해 보는 것이 도움이 될 것이다.

차이점

1. 신앙서약 그룹은 7명으로 제한된다. 반면에 속회는 처음에는 최대 12명으로 구성되었고, 흔히 그보다 더 커지기도 하였다. 신앙서약 그룹에서 회원 수가 적은 이유는 각 모임을 한 시간으로 제한하기 때문이다. 이 한 시간 동안 각 회원은 7개에서 10개

정도의 신앙서약서 조항에 대해 영적인 보살핌을 책임져야 한다. 그보다 더 많은 수의 회원을 가진 그룹은 이것을 실행하기가 불가능하다.

이런 이유에서 한 그룹이 8명의 회원이 되었을 때, 4명씩 두 개의 새로운 그룹으로 나누고, 또 이 각각의 새로운 그룹들이 더 확장될 수 있도록 해야 한다. 이러한 규칙을 적용함에 있어서 일정 기간 함께 소속하는 것이 중요하다고 생각하는 그룹의 경우에는 엄격하게 시행할 필요가 없다. 그렇다고 해서 무기한으로 방치해서도 안 된다. 그룹의 목적은 영적 보살핌을 책임지는 것이다. 그리고 이것은 그룹이 나누어지기보다는 함께 있기를 원하는 일반적인 이유인 '보다 비공식적인 나눔에 참여'하고자 하는 바람으로 대체되어서는 안 된다.

2. 신앙서약 그룹들은 영적 보살핌을 상호 책임지는 형식을 취한다. 이와 달리 속회는 한 명의 리더를 중심으로 조직되었다. 그 이유는 신앙서약 그룹들이 대개 그리스도교 신앙에 익숙하지 않은 사람들보다는 개체 교회 교인들로 조직되었기 때문이다. 초기 속회에서 가르친 교육은 교회의 다른 활동들을 통해서 얻을 수 있는 것이 아니었다. 또한 보다 광범위한 사회적 요인도 있었는데, 그것은 오늘날엔 제자훈련 모델로서 신앙서약 그룹들이 웨슬리 시대 이후 2세기에 걸쳐서 행한 그리스도교 교육임을

감안해야만 한다는 것이다. 앞서 언급했듯이, 신앙서약 그룹들의 리더십은 중요한 요소이다. 하지만 그 리더십이 웨슬리 시대 초기에 그룹 내에서 속장이 맡아 했던 일종의 "부목사(sub-pastor)" 역할을 해야 할 필요는 없다.

3. 신앙서약 그룹의 모임 시간은 한 시간이다. 이와 달리 속회는 가끔 저녁 내내 지속되기도 했다. 이것은 신앙서약 그룹들이 조직적인 규율과 활동으로 큰 교회 내에서 만나도록 설계된 작은 교회라는 사실을 다시 한 번 고려하기 위한 것이다. 오늘날의 빠른 생활속도와는 전혀 별개로, 원래의 속회에서 충족되었던 수많은 친교의 필요성이 이제는 교회에서나 다른 소셜 네트워크(social networks)를 통해서 다른 방식으로 채워진다.

반면, 신앙서약 그룹의 중요성은 영적 보살핌을 책임지는 제자훈련이다. 신앙서약 그룹은 교회 안팎으로 다른 형태의 그룹 활동들을 제한할 필요가 없고, 제한해서도 안 된다. 성경연구 그룹은 다양한 종류와 목적들을 가진 공유 그룹들과 마찬가지로 다른 기능을 수행한다. 행동 그룹, 토론 그룹, 아웃 리치 그룹, 성장 그룹 들도 모두 마찬가지로 상호보완적이다. 실제로 저녁 첫 시간 동안 신앙서약 그룹의 모임을 갖고, 그 후에 예컨대 성경연구 그룹이나 봉사 그룹과 같이 다른 형태의 그룹 활동을 계속할 수 있다.

신앙서약 그룹의 모임들을 한 시간으로 제한함으로써 회원들이 한편으로 신앙서약의 일부가 아닌 토론에 이끌리게 되거나, 다른 한편으로 개인 일정을 지나치게 방해하지 않고도 영적 보살핌을 상호 책임지는 제자훈련을 위해 함께 모일 수 있다. 모임 시간은 이른 아침, 아침과 점심 사이, 점심, 이른 저녁이나 늦은 밤 등, 다양하게 잡을 수 있다. 예를 들어, 대학 기숙사에서 모이는 학생들은 하루를 마감하는 저녁 10시에 신앙서약 모임을 선호하는데, 그 시간이 많은 사람들에게 더 가능할 뿐만 아니라, 전날과 그 주에 일어난 일을 의식하며 영적인 보살핌을 책임지기에 좋은 시간이기도 하기 때문이다.

4. 신앙서약 그룹들은 자신들이 영적 보살핌을 책임지겠다는 신앙서약서를 작성한다. 이와 달리 초기 속회들은 속장이 각 회원의 영적 생활에 크게 영향을 끼치는 교리교육 과정을 따랐다. 신앙서약서를 사용하는 이유는 주로 초기 속회들이 이 모델을 위해 제시된 신앙서약 조항들보다 훨씬 더 상세한 신도회의 총칙을 각 속도원이 준수할 것을 전제했기 때문이다.

신앙서약 그룹들은 그 성격과 목적에 따라 신도회와 속회 사이에 있다고 말할 수 있다. 웨슬리 시대에 신도회가 교회의 규율을 점차 확실하게 보여준 데 비해서, 영국국교회는 지역 본당 교회에 참석하라는 웨슬리의 권고에 따라 참석하였음에도 불구하고, 그 교회의 규율과 관련하여 초기 감리회 교인들을 만족시키는 데 실패하였다. 우리 시대에 교회는 대체로 교회의 규율에 관한 필요성에 훨씬 더 민감하고, 웨슬리의 신도회 구조는 그렇게 상세한 것을 필요로 하지 않는다. 반면에, 영적 보살핌을 책임지는 제자훈련과 같은 그리스도인 생활방식에 대한 필요성이 항상 큰 교회에서 발견되는 것은 아니고, 작성된 신앙서약은 소그룹의 친교가 원래 제공하려 했던 제자훈련을 위해서 영적 보살핌을 책임지는 것을 확실히 가능하게 한다.

유사점

1. **신앙서약 그룹의 회원자격은 제한된다.** 신앙서약 그룹과 마찬가지로 속회도 그리스도인 제자훈련을 받겠다고 자발적으로 확고하게 헌신하려는 사람들로 구성된다. 그룹이 정해서 따르기로 동의한 신앙서약은 웨슬리의 총칙 세 가지 구성 요소에 기초한다. 죄를 피하고, 선을 행하며, 교회의 은혜의 수단을 적절하게 이용하는 것이다.

2. **신앙서약 그룹 모임의 형식은 교리문답식이다.** 이는 속회도 마찬가지였다. 그룹의 한 사람이 리더 역할을 하면서 각 회원에게 신앙서약 조항들을 의도한 대로 잘 지켰는지 차례로 질문한다. 속회처럼 그룹의 역동성은 자발적인 나눔의 형식이 아니라,

유도된 대화의 형식이라는 데에 있었다. 리더는 각 회원의 대답이 어느 정도 필요한지 판단하면서 허용된 시간 내에 끝마칠 수 있도록 모임의 흐름을 잡아준다.

3. 모임에 매주 출석하는 것이 요구된다. 이는 속회도 마찬가지로서, 결석을 하게 되면 신속하게 개인적인 연락망을 통해 조치를 취한다. 그룹 회원들 간에 영적 보살핌을 책임지는 것이 전적으로 상호적이기 때문에 반복적인 결석은 그룹의 목표를 손상시키므로 허용될 수 없다.

4. 신앙서약 그룹에 대한 헌신은 제한이 없이 열려 있다 (open-ended). 사람들이 자신들에게 도움이 되거나 성취감을 느끼도록 하는 한에서만 지속되는 오늘날 교회의 많은 소그룹 프로그램과 비교해서, 신앙서약 그룹은 그리스도인 제자훈련을 위해 최소한의 본질적인 것들에 평생 헌신하고자 하는 사람들을 위한 것이다. 속회에서와 마찬가지로 이것은 처음부터 분명하다. 웨슬리 시대에 감리회 교인이 된 사람들은 자신들이 감리회 교인인 한 속회를 매주 훈련으로 여겼다. 그리고 이 헌신은 보통 평생에 걸쳐 이루어졌다.

5. 신앙서약 그룹들은 보다 큰 교회 내에 조직된다. 이는

속회도 마찬가지로서, 신앙서약 그룹들은 자신의 신앙서약 훈련뿐만 아니라 교회의 규정 또한 영적인 보살핌을 책임지고 있다. 이러한 영적 보살핌에 대한 큰 책임은 은혜의 수단에 대한 필요성을 확신하는 일뿐만 아니라, 개체 교회 회중의 폭넓은 삶과 사역에 대한 특별히 중요한 지점들과 관련해서 발휘되는 것이다.

結論

두 가지 주의사항과 한 가지 약속

신앙서약 제자훈련 그룹 회원들에 의해 행해지는 헌신은 거의 언제나 전파력이 있게 마련이다. 그래서 그 모임의 처음 몇 주 동안 여러 가지 긍정적인 경험들을 하게 된다. 이러한 종류의 친교에 대한 열망이 실재하고, 거기에 새롭고도 흥미로운 자력이 동반되게 마련이어서, 거의 대부분 거기에 빠져들게 되기 쉽다.

그러므로 그룹을 조직해서 시작하기 전에 두 가지 주의사항과 한 가지 약속을 기억하는 것이 중요하다.

"침체기(Doldrums)"

지금까지 무시되거나 당연시되어 왔던 영적 보살핌을 책임지도록 하는 제자훈련 교리교육 과정은, 처음 2~3개월 동안에는 각 그룹들에 풍부한 통찰력과 도전을 제공한다. 그러나 3~4개월 후에는 이것이 일상화된다. 질문들이 형식적으로 진행되기 쉽고, 답변들은 자발성이 떨어지게 된다. 회원들은 이 모든 훈련의 과정이 과연 유용하고 타당한지 질문을 던지기 시작한다.

새로운 그룹에게 이러한 "침체기"가 올 것이라는 것과 그 이유는 두 가지라는 사실을 명확하게 알려주어야 한다. 가장 직접적인 이유는, 그룹들의 참신함이 사라졌을 때 무엇인가 새로운 것으로 바뀌기를 바라기 때문이다. 부분적으로 이것은 자아실현에 심취하는 우리의 문화를 반영하는 것으로, 그것은 거부되어야 한다. 사실, 이것은 신앙서약 제자훈련 그룹의 가장 중요한 기능들 가운데 하나이다.

그러나 이러한 "침체기"에 대한 더 깊은 영적인 이유가 있는데, 그것은 "두 번째 바람이 부는(getting a second wind)" 것으로 가장 잘 설명할 수 있다. 오늘날 대부분의 교인들은 영적 보살핌을 책임지는 제자훈련의 실천과정을 밟으려고 하지 않는다. 많은 교인들이 헌신적인 믿음을 보이는 사람들을 존경하면서도 정작 자신은 교회 안의 구경꾼이 되어 그리스도의 새로운 시대를 위한 사역에 실제로는 참여하길 원하지 않는다. 그러나 신앙서약 그룹 안에서는 제자훈련의 도전을 피할 길이 없다. 처음에는 이것이 신바람이 나지만, 훈련이 일상화되고 나면, 바로 그 지루한 일과에 지구력이 필요하게 된다.

어떤 그룹이 이렇게 "돌파하는(부흥의 두 번째 바람이 불어야 할)" 기간이 필요한 때, 이때가 바로 신앙서약 제자훈련의 가장 중요한 때임을 정확히 설명해 주어야 한다. 그것은 서로를 보살피는 것에 대한 합의이다. 우리는 언약 속에서 우리 여정의 정점에 있는 것을 나눌 뿐만 아니라, 이러한 것들이 중요하긴 하지만, 평범한 일상 한 가운데에서 유지시키고 버텨주는 것이 더 중요한 것이다.

만약 어떤 그룹이 이러한 "침체기"를 겪으면서도 언약에 충실하다면, 머지않아 이 거칠고 요동치는 세상의 삶 속에서 공동 유대감의 가치를 아주 깊이 깨닫게 될 것이다. 외견상 목적이 없어 보이는 그런 시기는 자신들의 헌신을 시험하고, 자신들의 제자훈련을 찾아 담금질하며, 이기적인 관심사에서 멀어져 그리스도를 섬기는 관심사에 집중하는 기간일 뿐이다. 이것은 그리스도교 신앙의 역사에서 잘 입증된 영적 성장의 한 형태이다. 그러나 그룹은 처음부터 그것에 대해서 알 필요가 있고, 그것을 준비해야 한다.

자기만족

새로운 그룹들이 명심해야 할 또 다른 주의사항은, 자신들의 교리교육에 대해 자기만족에 빠져 안주하지 말아야 한다는 것이다. 이런 일이 일어나는 것은, 대개 헌신보다는 습관적으로 모임에 오는 회원들의 생각 없는 답변 때문인 경우가 많다. 어떤때는 확실히 거짓말로 보이는 답변이 나오기도 하는데, 이는 나머지 그룹 사람들을 심각한 불편함에 빠트리게 하며, 결국에는 전체 모임에 악영향을 끼치게 된다.

그룹들은 사전에 이런 것들이 그들의 목적과 헌신에 진짜로 위험한 것임을 알아야 한다. 리더가 매주 구체적인 권고를 통해 그런 문제들을 해결해야 하는데, 이 방법들에 대해서 이미 제안된 바 있다. 이런 일이 일어나게 되면, 그것이 그룹의 조직 단계에서 자신들의 정체성을 훼손할 수 있다는 일반적인 경고가 모든 그룹들에 명확하게 전달되어야 한다.

은혜의 약속

이와 동시에 새로운 그룹들에는, 하나님의 은혜가 새로운 방식으로 그들 자신의 삶에 충만하게 될 것임을 기대해야 한다는 점을 강조하는 것이 중요하다. 왜냐하면 그들은 지금 하나님의 은혜가 흘러넘치게 하는 수단에 대해 스스로 영적 보살핌을 책임지는 훈련을 받고 있기 때문이다. 그리고 결국 그들은 예기치 못한 은혜로 넘치게 될 것이다.

예를 들어보자. 이것은 회원들이 매일기도와 성경 공부, 예배, 성찬, 친교 속에서 훈련을 받으면, 이전에 결코 경험하지 못했던 하나님의 사랑과 능력과 정의를 의식적으로 체험하리라는 것을 의미한다. 기도가 그들 자신의 삶 속에서 더욱 일상화될 것이고, 하나님의 인도하심을 한층 더 체감할 것이며, 변화가 더욱 구체적으로 따를 것이고, 봉사에 더욱 열심을 낼 것이다. 세상 죄에 대한 더 큰 인식과 문제 해결을 위한 그들의 참여가 활발해질 것이다. 예수 그리스도의 새 시대를 위해 일하라는 더 강력한 부르심이 있을 것이고, 그들이 섬길 수 있는 기회들이 더욱 분명하게 나타날 것이다.

영적 보살핌을 책임지는 제자훈련은 자기 계발을 위한 훈련과는 거리가 멀다. 영적 보살핌을 책임지는 제자훈련은, 우리가 예수 그리스도 안에서 하나님의 약속이나 마찬가지인 성령의 은혜로운 계획에 우리 자신을 여는 것이다. 우리를 제자훈련이라는 미완의 과제로 부르고 있는 웨슬리의 설교가 지금도 분명하게 들려오고 있다:

한편으로 우리는 "악은 모든 모양이라도 버리도록(살전 5:22)" 조심하고, 기회 있는 대로 모든 이에게 착한 일을 하며(갈 6:10), "선한 일을 열심히" 하며(딛 2:14), 다른 한편으로 우리는 그분의 모든 규례대로 흠 없이 행하며, 그 안에서 신령과 진리로 그분께 예배드리고, 한편으로 우리는 우리의 십자가를 지고, 우리를 하나님께로 인도하지 않는 모든 쾌락에 빠진 자신을 부정하며, 은혜에서 은혜로 나아간다.[25]

---

25) "The Scripture Way of Salvation," pp. 447-48.

역자 후기

1. 제자훈련의 스캔들

이 책은 데이비드 왓슨이 웨슬리 당시의 속회의 역사와 본질 및 의미를 탐구할 뿐만 아니라, 속회를 미국의 현대 사회에서 되살리기 위해 신앙서약 제자훈련이라는 소그룹 형태로 재구성하여 미연합감리교회에서 실행한 사례들을 정리한 내용이다. 또한 데이비드 왓슨의 『언약의 제자도』를 위한 핸드북이기도 하다. 아무래도 내용상 『언약의 제자도』와 일치하는 부분이 많다. 내용은 같지만, 조금씩 표현방법이 다른 경우도 많다.

이 책을 번역하는 과정에서 가장 고심하였던 것은, 이 책에서 핵심 단어 중의 하나인 accountability를 어떻게 이해할 것인가 하는 것이었다. 『이것이 속회이다』에서는 '직고'라고 번역하였고, 『언약의 제자도』에서는 '책임'이나 '책무성'이라고 하였다.

하지만 여기에서는 전체적인 맥락과 내용상 '책임적인 영적 보살핌' 혹은 '영적 보살핌의 책임'으로 번역하였다. 여기서 보살핌은 '돌봄'이라고 해도 무방하다. 그 단어의 원래 뜻이 '책임'이라는 것인데 구태여 '영적 보살핌'을 추가한 것은, 책임에는 반드시 '무엇에 대한 책임'이냐가 중요하고, 아무래도 속회의 기능과 의미상 '영적 보살핌에 대한 책임'이라고 밝히는 것이 그 뜻을 보다 확실하게 제시해 줄 것이라고 판단하였기 때문이다. 특히 속회에서 각자의 죄책 고백을 통해 드러난 서로의 영적 상태를 확인하고 "사랑으로 서로를 보살피는 것"이 그리스도인으로서 본래의 책무와도 연결된다는 의미에서, 좀 더 이해하기 쉽도록 의미론적 번역을 하고자 하였다. 그 외에 중요한 단어들 중 『언약의 제자도』와 달라진 번역을 꼽아보면, 이 책에서는 '언약'을 '신앙서약'으로, '제자도'는 '제자훈련'으로 번역하였다. 그것이 내용파악과 더불어 오늘날 한국 교회에서 사용하기에 훨씬 이해력을 높일 수 있으리라고 생각했기 때문이다.

저자는 *ecclesiola in ecclesia* 로서 속회의 매력을 제시, 우리를 흠뻑 빠지게 한다. 이러한 교회론은 신앙서약 제자훈련을 통해서 기도와 회개에 의한 개인의 성결을 추구하고, 사회참여에 의한 사회의 건강한 성결을 동시에 추구하려는 통전적 교회론으로 간주된다. 동시에 저자는 웨슬리에게서 이 모든 것의 바탕에 하나님의 은혜가 있음을 발견한다. 이처럼 저자는 철저히 웨슬리

신학의 기초 위에서 속회, 특별히 현대화된 신앙서약 제자훈련을 추구한다.

문제는 인간의 한계와 의지이다. 아무리 하나님의 은혜가 넘치고 고상하며 좋은 신학이라고 할지라도 사람들이 그것을 실천하려고 하지 않는다면 아무 소용이 없다. 웨슬리는 *ecclesiola*인 속회를 통해서 믿음이 나약한 사람들끼리 사랑 안에서 친교하며 영적 성장을 증진시키고자 했다. 더 나아가, 사회적 실천을 통해 예수님이 꿈꿨던 새로운 세상을 이루고자 원했다. 하지만 그는 인간이 '마음은 원이로되 육신의 나약함으로 세상의 유혹과 도전 앞에 쉽게 무릎을 꿇게 된다'는 사실을 받아들일 수밖에 없는 현실 또한 통찰하였다. 그래서 제자훈련이 필요하다고 보았다. 하지만 그것 또한 인간을 점진적으로 죄 없이 살 수 있는 지경에까지 실천으로 인도하기는 쉽지 않다는 것을 보여준다.

이론상으로는 모든 것이 하나님의 은혜로 그리스도인이 되어 죄 사함 받아 회개하며 의인이 되어 거듭난 삶을 살고 성화하여 완전한 그리스도인의 단계를 밟아 나아갈 수 있다. 그리고 결국에는 영화에 이를 수 있으나, 그것은 이 세상의 일이 아니다. 그래서 웨슬리의 플랜 B는 이 세상에서 성화를 이룬 자들이 영화에 이를 수 있다고 한다. 그러니 이 세상에서 죄로부터 궁극적으로 해방될 수 없을지라도 저 천국에서의 영화를 위해 끊임없이 제자훈련을 받아야 한다는 것이다. 그러나, 그럼에도 불구하고, 웨슬리는 인간이 죄를 지을 수도 있음을 그 구원의 시스템에 심어 두었다.

이러한 문제에서 파생하는 사례들을 모아 정리한 것이 마크 A. 놀의 『복음주의의 스캔들』이라는 책이다. 거기서 지적하는 것은 복음주의의 이중적 신앙태도이다. 자신들의 핵심가치로서 그리스도의 제자로서 거룩한 삶과 성결을 유지하라는 선포와 실천요구에도 불구하고 정작 자신들은 이에 대한 실행을 게을리 하거나, 추문에 휩싸인다고 하는 사실이다.

이런 점에서 제자훈련의 스캔들 또한 그리스도의 제자로서의 삶에 어떻게 하면 충실할 수 있을지 고민하고, 대답을 제시하면서도 이러한 문제점을 염려하며 지적하지 않을 수 있다. 최근 한국 사회에서 제기되고 있는 교회 지도자들에 대한 부정적인 비판들이 이와 무관치 않다. 가스 라이팅(gaslighting)*이라든지 그루밍(grooming)**이라는 용어가 등장하여 비판되는 사건

---

* 또는 가스등 효과(瓦斯燈效果). 심리적 조작을 통해 타인의 마음에 스스로에 대한 의심을 불러일으키고 현실감과 판단력을 잃게 만듦으로써 그 사람에게 지배력을 행사하는 것을 가리키는 말이다. 패트릭 해밀턴(Patrick Hamilton)의 연극을 원작으로 한 1944년 미국의 영화 〈가스등〉(Gas Light)에서 유래한 말이다(위키백과).

들에는, 거의 모든 반사회적이고 반도덕적 사건들의 배경으로 종교적 훈련을 빙자한 제자훈련이 연관되어 있음을 볼 수 있다. 제자훈련의 성경적 성찰 없는 과도한 훈련이 반신앙적 모습으로 나타나고 있는 것이다. 이것은 제자훈련의 본래의 목적을 어이없게 상실한 비선교적 제자훈련이라고 볼 수 있다. 따라서 우리는 그리스도의 제자가 아니라, 명예와 권력, 자본과 이해관계에 굴종하는 반그리스도의 제자를 양육하는 어리석음을 범하지 않도록, 영적 분별력을 키우지 않으면 안 된다.

2. 선교적 제자훈련을 향하여

선교적 제자훈련이라 함은 오로지 우리가 발을 딛고 사는 신앙적인 삶의 자리인 세상 속에서 성경을 근본으로 하여 우리 주 예수 그리스도의 마음으로 예수님처럼 생각하고, 예수님처럼 행동하고, 예수님처럼 사랑하겠다는 마음과 실천을 심화시키는 훈련 과정이다. 이것은 사람의 제자가 아니라, 우리를 보혈로서 죄에서 구원하신 그리스도의 제자가 되려는 것이 바로 선교적 제자훈련이다. 이것은 하나님께서 예수님을 이 세상에 보내시고, 성령님을 보내셨다는 삼위일체적 하나님 선교신학에 기초한다. 그럴 때 하나님 선교는 우리가 통로가 되어 예수님 선교사역을

** 성을 착취 혹은 유린하기 위해 친밀, 신뢰, 지배 관계를 설정하는 행위.

완성시켜 가는 것이다. 이것은 하나님이 주체가 되는 '하나님 선교'라는 것을 분명하게 말할 수 있다.

이 책은 바로 이와 같은 선교적 제자훈련을 위해 손색이 없는 풍부한 신학적 근거와 원리 그리고 방법을 제시하고 있다.

아무쪼록 이 책을 통해 웨슬리의 후예들이 천국에 이를 때까지 영적으로 그리고 사랑으로 서로 보살핌을 책임지는 속회에서의 제자훈련을 위해 그리스도교에 입문한 모든 이들이 먼저 신앙서약을 하고 그대로 지켜나감으로써 구원의 순례를 차근차근 잘 이뤄내기를 소망해 본다.

교수로서 마지막 작업이 될 이 번역서가 속회를 통한 제자훈련에 관한 것임에 대해 기쁘게 생각하면서 하나님께 영광을 돌립니다.

옮긴이 이후천

참고문헌

1. *The Methodist Hymnal* (Nashville: United Methodist Publishing House), #92.

2. Ibid.

3. "The Nature, Design, and General Rules of the United Societies, in London, Bristol, Kingswood, Newcastle-upon-Tyne, &c." (1743), *The Works of John Wesley*, 14 vols. (London: Wesleyan Methodist Book Room, 1872. Repr. ed. Grand Rapids, Michigan: Baker Book House, 1979), 8:269.

4. Albert C. Outler, ed. *John Wesley.* Library of Protestant Thought (New York: Oxford University Press.. 1964), p. vii.

5. Frank Baker, "John Wesley's Churchmanship," *London Quarterly and Holbom Review* 185 (1960):210. See also *John Wesley and the Church of England* (Nashville: Abingdon, 1970), pp. 4-5.

6. Ibid.

7. *The Oxford Edition of the Works of John Wesley*, Editor in

Chief, Frank Baker, Vol. 25: *Letters I: 1721-1739*, ed. Frank Baker (Oxford: at the Clarendon Press, 1980), pp. 615-16. See also Vol. 11: *The Appeals to Men of Reason and Religion and Certain Related Open Letters*, ed. Gerald R. Cragg (1975), p. 324.

8. "A Plain Account of the People Called Methodists," *Works*, 8:248.

9. "Reasons Against a Separation from the Church of England," *Works*, 13:226.

10. Sermon "On Schism," *Works*, 6:406ff.

11. Josiah Woodward, *An Account of the Rise and Progress of the Religious Societies in the City of London, &c.* (London, 1698). See also John S. Simon, *John Wesley and the Religious Societies* (London: Epworth Press, 1921), pp. 9-27.

12. *The Journal of the Rev. John Wesley A.M.*, ed. Nehemiah Cur- nock. Standard Edition, 8 vols. (London: Epworth Press, 1909-1916), 3:33.

13. The terms "Moravian church" and "Unitas Fratrum" (Unity of the Brethren) are used interchangeably to describe the group which settled at Hemhut—as is the term, "Herrnhuter," See Gillian Lindt Gollin, *Moravians in Two Worlds: A Study of Changing Communities* (New York. Columbia University Press, 1967).

14. *Journal*, 2:496.

15. *Journal*, 1:372.

16. "The Large Minutes," *Works*, 8:322-24.

17. *Works*, 8:269-70.

18. *Works*, 8:269. See also "A Plain Account of the People Called Methodists," *Works*, 8:253.

19. *Journal*, 3:449-50, 495.

20. *Methodist Hymnal*, #152.

21. James W. Fowler, *Stages of Faith: The Psychology of Human Development and the Quest for Meaning* (San Francisco: Harper & Row, 1981).

22. John Baillie, *A Dairy of Private Prayer* (New York: Scribners, 1936). This has been reprinted many times.

23. *The Book of Worship* (Nashville: Methodist Publishing House, 1964).

24. Sermon, "The Scripture Way of Salvation," *The Standard Sermons of John Wesley*, ed. E.H. Sugden 2 vols. (London: Epworth Press, 1921), 2:442-460.

25. "The Scripture Way of Salvation," pp. 447-48.